U0085308

世紀
人物100

棄小義，雪大恥

伍子胥

林佑儒　著

三民書局

獻給孩子們的禮物

主編的話

世界上最幸福的孩子，是他們一出生就有機會接近故事書，想想看，那些書中的人物，不論古今中外都來到了眼前，與他們相識，不僅分享了各個人物生活中的點滴，孩子們的想像力也隨著書中的故事情節飛翔。

不論世界如何演變，科技如何發達，孩子一世幸福的起源，仍然來自於父母的影響，如果每一個孩子都能從小在父母親的懷抱中，傾聽故事，共享閱讀之樂，長大後養成了閱讀習慣，這將是一生中享用不盡的財富。

三民書局的劉振強董事長，想必也是一位深信讀書是人生最大財富的人，在讀書人口往下滑落的多元化時代，他仍然堅信讀書的重要，近年來，更不計成本，連續出版了特別為孩子們策劃的兒童文學叢書，從「文學家」、「藝術家」、「音樂家」、「影響世界的人」系列到「童話小天地」、「第一次」系列，至今已出版了近百本，這僅是由筆者主編出版的部分叢書而已，若包括其他兒童詩集及套書，三民書局已出版不下千百種的兒童讀物。

劉董事長也時常感念著，在他困苦貧窮的青少年時期，是書使他堅強向上，在社會普遍困苦，而生活簡陋的年代，也是書成了他最好的良伴，他希望在他的有生之年，分享這份資產，讓下一代可以充分使用，讓親子共讀的親情，源遠流長。

「世紀人物 100」系列早就在他的關切中構思著，希望能出版

孩子們喜歡而且一生難忘的好書。近年來筆者放下一切寫作，接下這份主編重任，並結合海內外有心兒童文學的作者共同為下一代效力，正是感動於劉董事長致力文化大業的真誠之心，更欣喜許多志同道合的朋友，能與我一起為孩子們寫書。

「世紀人物100」系列規劃出版一百位人物故事，中外各占五十人，包括了在歷史上有關文學、藝術、人文、政治與科學等各行各業有貢獻的人物故事，邀請國內外兒童文學領域專業的學者、作家同心協力編寫，費時多年，分梯次出版。在越來越多元化的世界中，每個人都有各自的才華與潛力，每個朝代也都有其可歌可泣的故事，但是在故事背後所具有的一個共同點，就是每個傳主在困苦中不屈不撓，令人難忘的經歷，這些經歷經由各作者用心博覽有關資料，再三推敲求證，再以文學之筆，寫出了有趣而感人的故事。

西諺有云：「世界因有各式各樣不同的人群，才更加多采多姿。」這套書就是以「人」的故事為主旨，不刻意美化傳主，以每一位傳主的生活經歷為主軸，深入描寫他們成長的環境、家庭教育與童年生活，深入探索是什麼因素造成了他們與眾不同？是什麼力量驅動了他們鍥而不捨的毅力？以日常生活中的小故事，來描繪出這些人物，為什麼能使夢想成真。為了引起小讀者的興趣，特別著重在各傳主的童年生活描述，希望能引起共鳴。尤其在閱讀這些作品時，能於心領神會中得到靈感。

和一般從外文翻譯出來的偉人傳記所不同的是，此套書的特色是，由熟悉兒童文學又關心教育的作者用心收集資料，用有趣的故

事，融入知識，並以文學之筆，深入淺出寫出適合小朋友與大朋友閱讀的人物傳記。在探討每位人物的內在心理因素之餘，也希望讀者從閱讀中，能激勵出個人內在的潛力和夢想。我相信每個孩子在年少時都會發呆做夢，在他們發呆和做夢的同時，書是他們最私密的好友，在閱讀中，沒有批判和譏諷，卻可隨書中的主人翁，海闊天空一起遨遊，或狂想或計畫，而成為心靈知交，不僅留下年少時，從閱讀中得到的神交良伴（一個回憶），如果能兩代共讀，讀後一起討論，綿綿相傳，留下共同回憶，何嘗不是一幅幸福的親子圖？

2006 年，我們升格成為祖字輩，有一位朋友提了滿滿兩袋的童書相送，一袋給新科父母，一袋給我們。老友是美國國家科學院院士，曾擔任過全美閱讀評估諮議委員，也是一位慈愛的好爺爺，深信閱讀對人生的重要。他很感性的說：「不要以為娃娃聽不懂故事，我的孫兒們一出生就聽我們唸故事書，長大後不僅愛讀書而且想像力豐富，尤其是文字表達能力特別強。」我完全同意，並欣然接受那兩袋最珍貴的禮物。

因為我們同樣都是愛讀書、也深得讀書之樂的人。

謹以此套「世紀人物 100」叢書送給所有愛讀書的孩子和家庭，以及我們的孫兒——石開文，他們都是世界上最幸福的孩子，因為從小有書為伴，與愛同行。

在眾多的歷史人物中，我對伍子胥有一份特別的好奇與注意。伍子胥本名伍員，字子胥，一生充滿曲折的經歷與挫折。父親伍奢是楚國的大官，因為說話正直得罪楚平王，而被判罪囚禁，他的哥哥也因此被定罪。伍子胥本來是個無憂無慮、有著大好前途的優秀青年，卻因為君王昏庸，一夕之間，橫禍來到，他的家人至親被殺，他自己也變成被緝捕的罪犯。

伍子胥並沒有向不公義的命運低頭屈服，他決定逃走。為了報父兄的仇，不惜遠走他鄉，在逃難途中，甚至因為擔憂無法擺脫追兵，在一夜之間急白了頭髮；一路上帶著年幼的公子勝，為了填飽肚子而在市場吹簫乞討；憑著驚人的意志力及優秀的能力，伍子胥最後終於借助吳國的兵力攻打楚國，報了父兄的仇，而且成為新興強國吳國的太宰。

深入了解伍子胥的生平之後，讓我想起西方大仲馬著名的小說《基督山恩仇記》，其中一個年輕有為的商船大副，因為受誣告而被關入監獄中等死，在幸運逃脫之後，以基督山公爵的假名再度返回復仇。兩者

之間似乎存在著類似的故事性，但是伍子胥是真實存在歷史中的人物，伍子胥的生平並不在文學家的筆下被虛構的書寫，而是他自己的性格與想法，決定了他一生的故事。

當伍子胥成為位高權重的太宰時，他的生命故事並沒有因此畫下圓滿的句點。因為性格的耿直與忠心，伍子胥依然在吳王身邊輔佐，但是命運捉弄人，吳國新君夫差並不聽他的忠心諫言，反而信任佞臣伯嚭，使伍子胥再度落入與父親伍奢一樣的境地。吳王夫差不但不採納伍子胥的諫言，甚至還降罪賜死他。雖然故事的結局並不圓滿，但是伍子胥耿直的性格與優秀的軍事謀略能力，使他的一生充滿傳奇色彩，為後人所津津樂道，在文學作品、戲劇中也不斷的被書寫、流傳。

本書以明朝余邵魚的章回小說《東周列國志》為主要改寫參考資料，伍子胥生平當然是故事的主線，然而除了伍子胥之外，讀者也可以同時在書中看到，距今數千年前的春秋時代，各國相互角力之下國力的消長，與充滿智慧的軍事謀略。例如吳王闔閭因為任用伍子胥，加上自身的努力，使吳國取代了當時的霸權國家楚國，成為新興的強勢國家。而越王句踐在兵敗之後，到吳國皇宮中當僕役，

回國後臥薪嘗膽，勵精圖治，虛心接受謀臣文種與范蠡的意見，二十年之後終於打敗吳國，成為新的霸權。值得一提的，還有著名軍事家孫武的練兵方法，以及他對治理國家的思考，一直到現在，孫武所寫的《孫子兵法》依然被大家廣泛的閱讀與研究。此外，刺客以生命相交的動人故事也十分特殊與吸引人，例如專諸為了酬謝公子姬光（亦即吳王闔閭）的知遇之恩，不惜以生命相許，用藏在魚肚中的魚腸劍殺掉吳王僚；要離雖然成功的達成刺殺慶忌的任務，但是因為慶忌對他的賞識，他在事成之後沒有回吳國接受賞金與官位，而是選擇跳水自殺，隨著慶忌而亡。

在書寫的過程中，閱讀相關的資料，發現雖然自認為對伍子胥的生平與所處的年代，已經有相當的了解，但在開始寫的時候，才發現原來還有很多豐富的故事與細節是我所不知道的。在書寫的歷程中，我的心情總是隨著伍子胥多舛曲折的命運而波動，有時候緊張，有時候感動，有時候悵然。完成作品之後，我清楚的發現伍子胥性格堅毅執著，對君王忠誠盡心，對朋友講義氣，恩怨分明。這樣的一個人，與他所處的時代，雖然距今年代遙遠，但是都曾真實的發生過、存在過，透過筆的書寫與文字的記載，讓我們能閱讀與了解這

些精彩的歷史。

　　我衷心期盼這樣一本書的完成，能讓小讀者透過文字，進入歷史的隧道之中，體驗與享受比虛構小說故事還要精彩的人物生命故事。

寫書的人

林佑儒

　　協進國小教師，臺南大學語教系兼任講師。曾獲九歌少兒文學獎、吳濁流文藝獎、南瀛文學獎。作品有《圖書館精靈》、《土地公阿福的心事》、《草莓心事》、《會飛的祕密》、《芭樂祕密》等書。喜歡游泳、旅行、品嘗美食、說故事，以及看見小孩聽故事張嘴入神的表情。

棄小義，雪大恥

伍子胥

目次

世紀人物 100

伍子胥

前526～前484

1

逃亡時期

災難的開始

　　大約距今兩千多年前，當時的中國正當春秋戰國時代。僅是長江流域和黃河流域一帶，就曾經劃分成一百二十幾個國家。自從寵愛褒姒的周幽王被犬戎所殺，周平王東遷到洛陽後，當時周朝的天子成為名義上統治所有國家的天子，各個國家的君王是諸侯，實際上每個諸侯不斷的擴充國力，都希望自己能夠當上統治天下的霸主。楚國是位於現在湖北、湖南、河南以及安徽一帶的大國。

　　楚國的國君是楚平王，他身邊的寵臣費無忌建議太子年紀不小了，該訂下一門親事，而且應與當時的另一個強國——秦國聯

姻，以增強楚國的勢力。楚平王覺得費無忌言之有理，於是派遣費無忌前往秦國為太子求親。

這原本是一椿美滿的婚事，卻因為費無忌的陰謀，而種下了禍害。原來，費無忌發現這位秦國的女子是個國色天香的大美人，他為了討好楚平王，竟然向楚平王獻計，勸楚平王將這位美女納為己有，而讓太子另外再娶。楚平王竟然也答應了這樣荒唐的要求，於是，自己娶了原本應該嫁給自己兒子的美麗秦女。

費無忌利用秦女來諂媚楚平王的同時，也在心裡擔心太子建會因此記仇。更害怕只要平王一過世，太子建便會動手殺他，以作為報復。於是，費無忌在平王的面前進讒言，說盡太子的壞話。另一方面，由於太子建的母親是蔡國的女子，楚平王並不寵愛她，因此平王對太子建的態度

越來越冷淡，越來越疏遠。而且還派太子去鎮守邊疆，以防外敵入侵，等於是把太子放逐到偏遠的地方去。

隔年，秦女為楚平王生下一子，楚平王視為珍寶，於是取名為「軫」。楚平王十分寵愛秦女，而費無忌又不斷的造謠太子建將勾結諸侯謀反，楚平王一方面為了討好秦女，一方面也顧忌自己的兒子會記恨他，於是打算廢太子建，改立軫為太子。

楚平王召來當時在楚擔任太子建太傅＊的伍奢，想探探他的態度。

「你知道太子建有反叛的預謀嗎？」

「大王哪！您娶了太子的未婚妻已經錯了，現在又聽信奸人的讒言，而懷疑自己的骨肉，大王哪！您於心何忍哪！」伍奢語重心長的說。雖然他說的句句都是

實話，但也像支支利箭，又直又猛的刺中楚王的自尊心。楚王哪能容忍這樣的侮辱，於是一聲令下把伍奢以謀反的罪名囚禁於大牢之中。

不過，費無忌擔心伍奢的兩個兒子會與自己為敵，於是向楚平王進奏：「伍奢的兩個兒子，伍尚和伍員*都是人中豪傑，如果讓他們逃走，日後一定會成為大患，何不以使他們的父親無罪作為誘餌，讓他們來，好一除此禍根。」

昏庸的楚平王一聽覺得真是絕妙好計，於是要伍奢把他的兒子叫來，給伍奢竹簡*和筆說：「雖然你教唆太子謀反，本來應

 放大鏡

＊太傅　負責教導太子的老師。
＊伍員　即伍子胥，「子胥」是他的字。
＊竹簡　古時紙張未出現之前，人們將竹子剖削成片，在上面刻寫文字。

該斬首示眾，不過念在你的祖父對朝廷有功，我就不計較你的過錯了！你現在如果寫信，召喚你的兩個兒子進朝廷，就可以告老還鄉了。」

伍奢很傷心的回答說:「我的大兒子伍尚為人忠厚，我叫他來，他必然會來。但是我的小兒子伍員個性剛強，他應該知道來了將面臨被捕的命運，一定不會來。」

但是楚平王根本不聽，伍奢心裡明白楚平王想騙他的兒子們來，一起處決。但是又無法違逆君王的命令，縱然心中有千百個不願，還是得提筆寫信，滴滴辛酸的眼淚更不能流出來，只能往肚子裡吞。

禍到臨頭

楚平王派的人快馬加鞭的趕到城父＊，一見到伍奢的長子伍

尚便連聲賀喜。

「我的父親現在正在監獄裡，何喜之有？」

「您有所不知，大王念在您先祖的功績，只要你們兩兄弟去見大王，大王就不打算追究伍奢的罪過了。」

「父親能承蒙大王赦免，是天大的恩惠，為了父親，我會面見大王的。」伍尚雖然嘴裡這樣說，心裡卻明白即使去了，父親也未必能被赦免，但是如果他不去，父親活命的機會肯定是沒有了。

然而，伍子胥拿著父親的信件，只是仔細的、反覆的看著，臉上沒有一絲欣喜的表情，眉宇間反而出現憂慮的神色，如同藤蔓一樣交纏著，他對哥哥伍尚

放大鏡

＊城父　是太子建的封地，伍奢是太子建的老師，因此伍家人亦在此居住。

7

說：「平王召見我們兄弟，並非是為了救免父親。而是擔心我們有人脫逃，造成後患，所以才拿父親當人質引誘我們兩個去，如果我們都去了，只有面臨三人都被殺的命運，對於父親根本沒有幫助，到時候也沒有人可以為父親報仇。所以，還不如亡命外國，請外力幫助，總比全部被殺要好。」

伍子胥，生得一表人才，文武皆通，他的個性比哥哥伍尚來的敏銳而且強悍，他一口下了這樣的定論，讓伍尚不知如何是好。

「就算是陷阱，在臨死前能見父親一面也好。而且，如果我不去，日後又不能為父親雪恥，將成為天下人的笑柄。」伍尚悲哀無奈的說。

「和父親一起被殺有什麼用呢！哥哥你若是非去不可，我只

好在此和哥哥告別。」伍子胥了解哥哥的個性，只能痛苦的說。

「那你能去哪裡呢？」伍尚淚流滿面的問。

「只要是能報仇的地方，我就去。」伍子胥表情雖然哀戚，但是語氣卻是十分堅定。

「我的能力遠不及你，我回楚國，你逃到其他國家去。我將和父親一起死，算是盡了孝道。而你為父親復仇，來成全孝道，從此我們各分東西，不再相見。」伍尚淚流滿面的說。

伍子胥也難過的說不出話來，只能向哥哥伍尚拜別，他心裡明白，哥哥這一去將永不復返。

果然，伍尚一到，立刻就被關進監牢，而且楚平王還下令將伍奢、伍尚父子都處死。費無忌一看伍子胥並沒有隨著伍尚一同前來，立即奏請楚平王下令捉拿

伍子胥。

伍子胥一聽說楚兵要來捉他，放聲大哭，因為他明白父親和哥哥都如他所預料的一樣，難逃一死。只能難過的對妻子賈氏說：「我要逃亡到其他國家去，為我的父兄報仇，不能照顧妳，怎麼辦呢？」

「大丈夫有父兄之仇，就好像肺肝被人切除了一樣痛苦，你現在哪有時間為了婦人之事而操煩？快去吧！不用擔心我！」賈氏說完之後，就進入房間上吊自殺了。

等伍子胥發現時為時已晚，他難過得嚎啕大哭，但也只能匆忙的埋葬妻子後，速速逃亡。就在短短的幾日之內，伍子胥失去了他的至親家人，只因為昏庸的楚平王和佞臣費無忌的陷害，他的心裡除了滿滿的悲痛之外，還有一股強烈的恨意。然而身後的

楚兵卻窮追不捨，眼前，他要保住自己的性命都有困難了，他能順利逃往他國，為家人報仇嗎？

坎坷連連

當伍奢、伍尚父子被押至市集斬首之時，伍尚大罵費無忌陷害忠良，伍奢卻說：「不要再說了！忠臣或是奸佞日後世人自有定論，但是員兒沒有來，我想日後楚國的君臣百姓是不能安心過日子了。」伍奢深深了解小兒子伍子胥剛烈的性格，日後必定會回到楚國來報仇，到時候又是一場災難。話說完，引頸就戮，看到這樣的忠臣被殺，旁觀的百姓都哀戚痛哭。

費無忌向楚平王轉述了伍奢的話，楚平王立即派三千名士兵追捕伍子胥。伍子胥逃到大江邊時，突然心生一計，把自己所穿的白衣掛在江邊的柳樹上，鞋子

脫下來放在岸邊，當追兵到達江邊之時，看到衣服和鞋子，卻不見伍子胥的人影，也沒聽說有屍體浮出水面，於是回去稟告楚平王伍子胥不知去向。

　　費無忌又再度獻計，請楚平王頒布捉拿伍子胥的獎賞令，凡能捉到伍子胥的人，可以獲得五萬石粟米，並且賜給上大夫爵位，而凡是收留或是幫助伍子胥逃亡的人，一律處死，並且每個關隘出口都嚴加盤查。再派使節到各國去昭告各國諸侯，不得收留伍子胥。費無忌這一計等於是阻絕了伍子胥所有逃亡的出口，讓伍子胥未來的命運更為艱險。

　　伍子胥一路沿著大江往東而行，他一心想投靠長江下游的吳國，但是奈何路途遙遠，途中又必須提防追捕他的官兵和企圖拿他領賞的人，一路上備極艱辛。在逃亡途中，伍子胥巧遇昔日好

友申包胥，伍子胥對申包胥提起他悲慘的命運，讓申包胥也為他的遭遇嘆息同情。

「你今後將往哪裡去呢？」

「殺父之仇，不共戴天，我將逃往別的國家，借兵攻打楚國，我一定要吃了楚平王的肉，讓費無忌嘗嘗五馬分屍的痛苦，才能洩我心頭之恨！」伍子胥心中的復仇之火從心裡燒到眼中，他的眼神銳利而且堅決，讓好友申包胥看了心頭一驚。

「子胥，你有殺父之仇，但是我必須忠於國家，為了朋友之間的情誼，我必定不會洩漏你的行蹤，不過日後你若領兵攻楚，我一定會站出來保護我的國家，請多保重。」儘管和好友伍子胥的想法不同，申包胥還是表達了自己的想法。

和申包胥告別之後，伍子胥決定到宋國與流亡在外的太子建

會合。過了一日，伍子胥在宋國找到太子建，一個是被自己親生父親追殺，一個則是失去了所有的家人，兩個人都滿腹辛酸的抱頭痛哭。

伍子胥從太子建那裡聽說宋國處於內政極不安定的狀態，而因為內部的鬥爭，有一派可能會向楚國借兵，他立即判斷宋國並非久居之處，於是帶著太子建一家奔向西邊的鄭國。鄭國國君鄭定公久聞伍子胥是忠臣之後，而且又是個才智兼備的英雄，加上鄭國與楚國的關係正好處於敵對狀態，因此鄭定公便熱情的以華屋美食接待伍子胥與太子建一行人，伍子胥總算能暫時鬆一口氣了。

一夜急白了髮

每次太子建與伍子胥見到鄭定公，都會向鄭定公哭訴他們所

遭遇的冤屈，言下之意其實就是希望鄭定公能派出兵馬攻楚，鄭定公當然了解，但是他也有自己的難處，只好對太子建主僕二人說：「鄭國是小國，兵力薄弱，實在愛莫能助。你們如果想要報仇，何不考慮國勢強盛的晉國呢？」

於是伍子胥留在鄭國，太子建親自前往晉國尋求協助。當時雖然鄭國與晉國相互結盟，但是楚國太子一到晉國，晉國打的主意卻是希望連結太子建一同滅鄭國，再攻楚國。對於晉國來說，這是一石二鳥之計，對落難的太子建來說，晉國允諾滅了鄭國，就把鄭國的封地給他，又答應他一同攻楚，這是天大的好處，他沒有辦法抗拒這樣的誘惑，太子建欣然的答應了。

太子建回到鄭國之後，告訴伍子胥他與晉國密謀的大事，伍

子胥憂慮的勸諫說：「鄭定公以誠信接待我們，您不應該這樣算計他。」

「可是我已經答應晉國了！」太子建根本聽不進伍子胥的話。

「不幫晉國的忙，不會造成多大的錯誤，但是如果圖謀鄭國，那麼就失去信義了！如果太子真的一意孤行，一定會招來禍害的！」伍子胥直言不諱的說。但是太子建一心只貪圖現成的利益，還是不顧伍子胥的苦勸，偷偷的與晉國連謀進行密約。

然而，紙終究包不住火，鄭定公還是發現了楚太子建與晉國共商的骯髒計謀，於是先發制人的殺了楚太子建。伍子胥一聽聞太子事跡敗露，只能匆忙的帶著太子建的兒子勝，逃出鄭國。

伍子胥思量著，唯今之計能投奔的也只有吳國了，於是帶著公子勝一路逃亡到了昭關，只要

過了昭關，就是前往吳國的水路長江。但是這個關隘可不容易過，其一因這個關口正好是交通軍事要塞，本來就設兵駐守；其二是楚國下令捉拿伍子胥，各個關口都詳細盤查往來路過的人，伍子胥的畫像又被張貼在各處，他思量自己帶著年幼的公子勝要過昭關，簡直就像沒有翅膀的鳥兒一樣，根本不可能！

正當伍子胥在昭關附近的歷陽山徘徊苦惱的時候，有一個白髮老翁經過，白髮老翁對他行了個禮，一開口就說：「想必閣下是伍員吧！」

「為何如此問？」伍子胥心中驚駭不已，仍然一邊強做鎮定的問老翁，一邊緊握手中的兵器。

「閣下不必擔心，我是扁鵲＊的弟子東皋公。從年輕時就周遊列國濟世行醫，現在老了，隱居在這附近。前幾日出門行

醫一，正好看見您被張貼在市集的肖像，所以才認得閣下。寒舍就在山後，可以到那裡，比較好說話。」

伍子胥見此老翁氣質不凡，說話中肯有理，自己又無路可去，只好帶著公子勝一同前往。

伍子胥一到東皋公家中，便把他所蒙受的冤屈與仇恨告訴東皋公，並且尋求協助。

「我一生行醫救人，是不可能把你們送入虎口，眼看著你們喪命的！不過，要過昭關並非容易的事，必須仔細想想，你們就暫且住在這裡，我一定會想辦法送你們出關的。」東皋公這一席話，讓伍子胥感激涕零，於是就暫住在此。

放大鏡

＊扁鵲　春秋時代名醫，本名秦越人，據說有妙手回春的精湛醫術。因為古人認為醫術高明的醫生如同喜鵲一樣，到處為病人帶來好消息，因此稱秦越人為扁鵲。

　　不過，一連七天，東皋公只是每天招待公子勝主僕二人豐盛的飲食，對於過關的事卻是隻字未提。伍子胥按捺不住心中的焦急，對東皋公說：「子胥身上背負著深仇大恨，只要大仇未報，就覺得度日如年，像死人一樣，請先生理解。」

　　東皋公只是淡淡的回答：「我已經想好對策，只是必須等待一個朋友來。」

　　東皋公的答覆並不能解除伍子胥的憂慮，伍子胥憂心的思量著如何過關，一直到夜裡也輾轉難眠，他想乾脆向東皋公辭行，但是又擔心過不了關，然而如果繼續住在這裡，又不知血海深仇何時才能報？伍子胥的思緒像一把兩頭無法平衡的天秤，一上一下的搖擺，又想到失去親人的痛苦，被楚王追殺至此窮途潦倒的景況，都讓他的心像被螞蟻啃

噬，被火灼燒一般痛苦不已，就這樣伍子胥被擾人的思慮折磨著，一直到天亮都無法入睡。

清晨，東皋公進房找伍子胥，表情十分的驚訝：「閣下的髮鬚怎麼全都變了顏色呢？」

伍子胥不相信，拿出鏡子一照，發現自己的頭髮鬍鬚竟然如同冬天的雪花一樣蒼白，被痛苦的思緒折磨一夜的委屈，在瞬間通通湧了上來，讓他不禁大聲痛哭說：「我的髮鬚都白了，還是一事無成！」

東皋公卻微笑著說：「恭喜！恭喜！您要過昭關有望了！」

伍子胥聽了滿頭霧水，擦了擦眼淚問東皋公說：「請問這是什麼意思？」

「因為閣下相貌堂堂，氣質不凡，一般人很容易認出您的模樣，現在您的頭髮白了，讓人不易辨識，而且我的朋友已經來

了，這樣計畫就可以施行了。」

　　原來東皋公有一個朋友名叫皇甫訥，身材相貌與伍子胥有幾分相似，他讓皇甫訥穿上伍子胥的衣服，然後把伍子胥打扮成樸素的鄉野之民，東皋公又讓伍子胥以特製的藥水把臉洗黑，再把公子勝的服裝換成鄉下小孩的裝扮，然後等待黎明出關。

伍子胥終於過了昭關

　　楚國將領在昭關口下令凡是要過關者，都必須經過盤查詰問。兵士拿著伍子胥的畫像一邊盤問，一邊比對。皇甫訥一到了昭關，因為神似伍子胥的外貌，立刻就被列為可疑嫌犯捉了起來。百姓們聽到伍子胥終於被捉了，都爭相要一睹他的廬山真面目，造成了一陣混亂。另一方面，兵士們一聽說伍子胥已經被捉到了，在過關盤問時也就鬆懈

許多，於是伍子胥便帶著公子勝輕鬆的矇混過關。

被收押的皇甫訥見到楚國將軍時，才說自己是東皋公的朋友皇甫訥。曾經見過伍子胥本人的將軍心中也疑惑起來，眼前這個人雖然與伍子胥相貌相似，但氣質卻大不相同，伍子胥的自信與堅毅的談吐在這個人臉上完全看不出來，莫非是因為長期的逃亡所造成的？

此時，東皋公正好來訪，對著將軍行禮說：「聽說將軍已經捉到楚國流亡的臣子伍子胥，老朽特來向將軍道賀。」

楚將軍對東皋公說出他的疑慮，東皋公提議說他曾與伍子胥有一面之緣，或許能幫忙辨認看看。當皇甫訥一見到東皋公，便故意用怨恨哀戚的聲音說：「東皋公！您和我相約在關口，為何不早點來，讓我蒙受不白之冤。」

　　東皋公趕忙稟告楚國將軍說：「他是我的朋友皇甫訥呀！我們相約在昭關見面打算一同出遊，沒想到我突然間肚子不舒服，上個廁所，所以晚一點來。沒想到，他居然被當成罪犯收押了！」

　　楚國將軍自然是尷尬萬分，趕快釋放皇甫訥，並且擺酒賠罪，就這樣，在東皋公的絕妙安排，與皇甫訥慷慨的仗義相助之下，伍子胥總算有驚無險的帶著公子勝踏上前往吳國的路途。

　　伍子胥一路帶著公子勝往長江而行，經過千辛萬苦終於到達江邊。但是望著滔滔江水，伍子胥憂慮起來，眼前無船可渡江，後面的追兵又隨時會到，真不知道該如何是好？正在此時，江面上出現了一艘小船，伍子胥心中大喜，急忙對著船上的漁夫說：「漁丈人！請搭載我們！請搭載

我們！」

　　漁夫聽見了伍子胥的聲音，很機警的沒有立刻靠岸，只是大聲的唱著歌，歌詞中隱含著請他們躲到蘆葦叢中的意思。伍子胥聽出歌中的弦外之音，便帶著公子勝往下游走，躲入蘆葦叢中。果然，過了不久，伍子胥又聽見漁夫的歌聲，從蘆葦叢中探出頭來，漁夫已經把船靠攏，準備搭載他們。

　　「昨天晚上我夢見有一顆燦爛的星星掉入我的船中，果然今天就遇到了先生您。」漁夫如此一說，伍子胥心中就明白漁丈人知道他的身分。

　　「感謝漁丈人的相助，我無以回報，只能把我僅有的七星寶劍送給你。」伍子胥恭敬的把寶劍遞給漁夫。

　　「楚王下令:『凡捉到伍員的人，能得粟米五萬石，並封賜上

大夫。』我連這些都不貪圖了，何況是這把七星寶劍？」漁夫笑著說。

「那麼，就請告知閣下的姓名，日後我一定會報答您的！」

「呵呵！我乃行船於江湖之中的一名漁夫，冒險搭救您是因為知道您蒙受冤屈，敬重閣下的節義，可不是貪圖報答！」

「雖然您不求報答，但子胥蒙您施恩，不知閣下姓名，實在於心難安！」

「那就這樣吧！日後若是有機會再相遇，我就稱您為『蘆中人』，而您稱我為『漁丈人』吧！」

伍子胥聽了才欣然拜別漁丈人，但臨行前仍然不放心的回頭說：「後面有追兵，請漁丈人千萬保密我等行蹤！」

漁丈人一聽，嘆了一口氣說：「我已經是竭誠幫助您了，我

連粟米五萬石和七星寶劍都不要了！難道您還不能信任我嗎？」

伍子胥看到漁丈人如此真誠的態度，不禁感動萬分，但是眼前有大仇未報，身後有追兵隨時趕到，只能再三向漁丈人道謝，然後匆匆的帶著公子勝速速趕路。

前往吳國的道路十分遙遠，伍子胥帶著公子勝又要趕路，又要隨時注意是否有追兵來，自然就很難餐餐溫飽。經過溧陽的時候，伍子胥看見江邊有個女子正在洗衣服，旁邊的籃子裡有食物，肚子不知不覺咕嚕作響，只好硬著頭皮開口說：「請問夫人可以賞我們一餐飯吃嗎？」

那女子低著頭說：「我單獨與母親住在一起，三十歲尚未嫁人，本來是不方便與陌生男子交談，不過看你們狼狽的樣子，我也不忍心坐視你們受飢餓之苦。」

於是女子為伍子胥與公子勝各盛一碗飯，伍子胥和公子勝吃完，就把碗放下，雖然肚子還是很餓，卻不好意思開口再要一碗飯。

女子開口說：「我看你們打算走遠路，就吃飽一點吧。」於是又為他們各盛了一碗飯，伍子胥和公子勝吃得碗底朝天，連一粒米都不剩。

伍子胥感激的對女子說：「承蒙你的救命之恩，十分感謝，實不相瞞，我們乃是為了活命而趕路，如果後有追兵問起，請千萬不要提起。」

女子難過的說：「唉呀！我侍奉母親直到三十歲都沒嫁人，一直都守著貞潔，也沒想到因為贈飯而與陌生男人交談，還不被信任，你走吧。」

伍子胥聽了自然是難過萬分，他不是不相信熱心幫助他的

女子，只是因為沿途被追兵追逐，隨時有生命危險的顧慮，讓他不得不小心謹慎，但是他必須趕往吳國，無法仔細的對女子解釋他的心情，只能把沿路所受的恩惠牢記在心裡，他在心中暗暗發誓，日後一定要再來報答這些人的恩情。

2 籌劃報仇大計時期

流落街頭

伍子胥歷經千辛萬苦，終於帶著公子勝進入吳國。當他們行經堂邑時，在街上看見一個身材壯碩的猛漢正在和人打架，眾人極力勸架都沒有用，突然有個老太太喊了一聲：「專諸！不要再打了！」

只見這彪形大漢居然像隻聽話的小綿羊，乖乖停手離開。伍子胥看了覺得十分奇怪，便問周圍的人說：「像這樣凶猛的壯漢，怎麼會聽一個老婦人的話呢？」

「喔！他是我們這裡的勇士名叫專諸，力大無窮，好打抱不平，剛才叫他的婦人就是他的母親，他是個孝子，一聽到母親制止，即使當時他正在盛怒中，還

是「會立即停手」。」

伍子胥十分欣賞專諸，於是隔天特別到專諸家拜訪，伍子胥與專諸一見面真是英雄惜英雄，兩人對彼此都十分欣賞，說起話來更是交心至極。當專諸知道伍子胥的血海深仇之後，就說：「伍大哥應該求見吳王，以求借兵報仇。」

「我正有此打算，日後還請賢弟多多協助。」專諸當然是二話不說，欣然的同意。

於是伍子胥再度啟程，到了吳國的大城梅里。伍子胥眼看著這個大城市舟車擾攘，但卻無親可依，為了自己和公子勝的生計，也只能把公子勝暫時藏在郊區，然後獨自一人在市集裡吹簫乞食。伍子胥的簫聲中有深切的悲哀與無奈，但是往來市集的人沒有人聽得出來，只當他是個落魄的行乞者。

　　有一天，吳國公子姬光門下的養士*被離經過市集，聽到了簫聲，被其中深沉的悲傷所吸引，再仔細觀察吹簫之人，雖然外表落魄潦倒，但眉宇間的氣質不凡，目光敏銳，善於看人面相的被離知道這位神祕的吹簫人，必定不是等閒之輩，於是開口邀請伍子胥到家中坐坐。伍子胥把自己的深仇大恨告訴被離，被離知道伍子胥是個不可多得的人才，如果能善用必定大有作為。本來，被離想把伍子胥引見給吳國的公子姬光，但是當時吳國的國君吳王僚，聽說被離在市集找到一個神祕的吹簫賢士，就下令被離帶伍子胥入宮。吳王僚一看到伍子胥非凡的儀表，又聽到他

　　＊養士　是春秋戰國時代流行的特殊風尚。是國君或貴公子儲備人才，培植勢力的方法，他們在家中，長期供養一批食客，以幫助國君維護國家統治或鞏固自己的政治地位。

的談吐，就知道伍子胥是個人才。當他聽了伍子胥的故事之後，更是為他感到不平，甚至興起想要發兵攻楚的意念。

當時吳國的國君雖然是吳王僚，但是因為用了不正當的方法奪取了王位，讓他的堂兄，吳國的公子姬光十分不服氣，因此公子姬光才派善於看相的被離四處為他招募賢士，以求日後奪回王位。公子姬光一知道吳王僚打算要幫伍子胥伐楚，他擔心自此伍子胥便投靠吳王僚，因此對吳王僚說：「伍子胥勸大王伐楚，乃是為了他個人的恩怨，而不是為了吳國的利益，如果打勝仗，對我國固然有利，但若是打敗仗，則是有辱國家的聲譽呀！請大王三思！」經公子姬光如此一說，吳王僚也覺得有道理，因此打消了興兵伐楚的想法。

伍子胥一知道此事的來龍去

脈後，便辭去吳王僚賜給他的大
夫官職，帶著公子勝到鄉野中以
耕種為生，日出而做，日落而
息，以待復仇時機。

向公子姬光推薦專諸

公子姬光帶著米食布匹等禮
物去見伍子胥，伍子胥知道公子
姬光無事不登三寶殿，公子姬光
想借助自己的力量殺掉吳王僚。
果然不出所料，公子姬光一開口
便說:「伍先生，我知道閣下是個
有才能的人，我十分需要借助您
的能力，來為我國的人民謀福
利。」

伍子胥立刻說:「其實，吳國
境內有比子胥更值得信賴與重用
的勇士，可以協助公子完成大
業。」伍子胥指的就是專諸。公子
姬光一聽十分高興，他原本就十
分欣賞伍子胥的才能，對於伍子
胥推薦的人選，公子姬光自然十

分信任，立即請伍子胥帶他登門求見。當伍子胥帶著公子姬光到專諸家時，專諸正在準備磨刀為人殺豬，伍子胥為公子姬光引見專諸，專諸驚訝的說：「我只是個市井小民，怎麼好意思讓公子親自來訪。」但是公子姬光一心求得人才，一點也不在意專諸家中的簡陋，低頭進入專諸家低矮的門戶，並且拿出金帛禮品送給專諸。這一切讓專諸感到受寵若驚，也感激公子姬光的重視。於是，專諸成為公子姬光門下的一名養士。

自此之後，公子姬光請人每天送米肉，每月送布帛到專諸家，並且定時問候專諸的母親。這些作為都讓專諸感動極了。

專諸忍不住對公子姬光說：「我這樣的鄉野莽夫，承蒙公子不棄，如此照顧我們。這樣的恩德是我專諸無以回報的，若是有

任何差遣，請公子儘管吩咐。」

　　過了五年，楚平王死了，楚平王當初奪娶原本應是兒媳婦的秦女，所生下的兒子軫繼位，即為楚昭王。吳王僚趁著楚國國喪，新主即位，內部虛弱之時，派了自己的弟弟蓋餘、屬庸帶兵攻打楚國，楚國也立刻發兵迎戰吳軍，斷絕了蓋餘與屬庸的後路，以致於吳軍進退兩難。

　　公子姬光見時機到了，便對專諸明說了他想暗殺國君吳王僚，奪回王位的想法。專諸聽了心裡雖然十分震驚，但因感念公子姬光的知遇之恩，與講義氣的性格使然，專諸很想一口答應協助公子姬光。但是，專諸的眼裡還是有些許的無奈與傷感。

　　「公子，不瞞您說，不是我缺乏刺殺吳王僚的勇氣，而是我的心中還有所掛念。」專諸嘆了一口又長又重的氣。

「我當然知道，你放心吧，你為了國家做大事，我一定會把你的母親，當作是自己的母親一般的照顧。」公子姬光誠懇的說。

於是，專諸毅然的同意擔任刺殺吳王僚的重大任務。

「可是，吳王僚身邊必定有重兵護衛，有什麼辦法可以親近他呢?」專諸馬上認真思考他的任務。

「吳王僚喜愛美食，特別是烤魚。」

聽公子姬光這麼一說，專諸立刻決定動身，前往太湖拜師學習烤魚的手藝。專諸到太湖苦學了三個月，學得了一手燒魚的好手藝。公子姬光又向伍子胥討教下一步應該如何進行，伍子胥說:「目前吳國派出攻楚的軍隊被楚國困住了，吳國國內兵力薄弱，的確是一個好時機。」

伍子胥低頭沉思了一會兒，

突然眼睛一亮說：「請問公子是否有銳利的匕首？」

「有一把魚腸劍，是先王賜給我的寶物，雖然形狀短小，但是削鐵如泥，就藏在我的枕頭下，以備萬一。」太子姬光說完，眼裡有一抹比魚腸劍更銳利的光芒浮現。

伍子胥喜形於色的說：「吳王僚愛吃烤魚，所以善於烤魚的專諸要接近他應該不是難事，不過要通過嚴密的搜查，刺殺吳王僚的武器得放在適合的地方才行，形狀短小卻鋒利無比的魚腸劍，正好可以放在獻給吳王僚的烤魚之中。」

「在烤魚之中的魚腸劍！真是絕妙好計呀！」公子姬光大聲的讚賞這個計畫，馬上帶著魚腸劍，對專諸說明全盤的計畫，專諸一看到魚腸劍，就明白他執行任務的時刻終於來臨了，不過性

格孝順的專諸，一想起家中的老母親，還是對公子姬光說：「此去關乎生死，雖然我已經答應為公子效命，但還是得回去向母親稟告一聲。」

專諸回到家，一看到老母親，想到這一去就是生離死別，眼淚就掉個不停，他不是害怕送命，而是不捨和自己的母親分離。

知子莫若母，專諸的母親了解兒子的心思，便說：「我兒，不要悲傷！自古忠孝難兩全，你一定要去，不要掛念我。你要成就的是名垂千古的大事，有你這樣的兒子，我覺得很值得驕傲。」專諸聽了心中還是十分不捨。

「我想喝點清涼的水，你可以幫我去河邊打一桶水嗎？」孝順的專諸當然照辦。沒想到當他一回到家，卻發現母親房門緊閉，妻子轉告他說母親想休息一下，

但是專諸心中浮現不祥的感覺，他還是推開母親的房門，赫然發現母親已經上吊自殺了。

專諸心中當然明白，母親這麼做，是為了讓他能下定決心為公子姬光效力。他傷心的大聲痛哭，然後哀痛的埋葬了母親。

公子姬光把一切人員布署好了之後，便開口邀請吳王僚到家裡吃魚，吳王僚一聽說是鮮魚宴席，一口就答應了。

太后勸吳王僚別赴宴，公子姬光對王位應該還是耿耿於懷，也許其中設有圈套。吳王僚也不是沒有考慮自己的安危，不過還是說：「別擔心，如果不去，關係一定會越來越差，只要加派保衛的士兵，他能奈我何？」

吳王僚的自信不是沒有道理的，赴宴當天，吳王穿了厚厚的三層鎧甲，身邊有一百多名高壯的兵士拿著長戟利刀圍繞著，而

且每個上菜的廚子都必須經過嚴密搜身的程序，要在這樣的情況下刺殺吳王，簡直就是不可能的任務。

當大家喝酒喝得正熱烈之時，公子姬光假稱自己的腳痛，必須進入內室上藥，其實他是暗中去囑咐專諸，端烤魚出場的時機到了。

吳王僚作夢也沒想到，在香噴噴的烤魚身體裡，藏著一把銳利無比的魚腸劍。就在專諸一上菜接近吳王僚的瞬間，他快速的撥開魚身，從中抽出匕首，猛然的刺向吳王僚，匕首透過了三層厚厚的鎧甲，從背脊透出，吳王僚當場氣絕身亡，但是專諸也被立刻蜂擁而上的士兵剁成了肉醬。

因為專諸用鮮血慷慨的相助，公子姬光順利的奪回王位，即是歷史上為人所熟知的吳王闔

閭。闔閭之所以能順利成為吳王，最大的功臣非專諸莫屬，他即位後，除了禮葬吳王僚，更厚葬刺客專諸，並封專諸之子專毅為上卿，就是職位最高的大臣，算是報答專諸的捨身之恩。

然而若不是伍子胥向闔閭推薦勇士專諸，並且從中參與謀略，這一場政變可能也很難順利進行。因此，闔閭任命隱居在鄉野中的伍子胥為「行人」，就是處理各諸侯王國外交事務的主管，相當於現在的外交部長，並且讓他參與軍政大事。由此，可以看出闔閭十分的看重伍子胥的才能。

伯嚭投靠伍子胥

當闔閭即位時，伍子胥已經流亡異國第八年了。闔閭一上任就向伍子胥請益國政。

「寡人想圖霸各國，應該如

何做呢？」

伍子胥突然低頭無語，眼淚奪眶而出。

「我是楚國的叛逃罪犯，父親和兄長含冤被殺，有幸投奔大王門下，怎敢參與吳國的內政呢？」

「如果不是你獻計，我現在也不會在這個地位了。我想請你為吳國效力，為什麼如此推託呢？莫非寡人有不足之處？」

「臣並非認為大王有不足之處，只是我大仇未報，自己的事都尚未能處理，何況是參與國政呢？」

「吳國沒有一位謀臣的才智高於你，請你千萬不要推辭。待我國力穩定，我一定為你報仇。」

伍子胥聽闔閭如此誠意的請託與承諾，不便再推辭，於是定下心來協助闔閭處理國政。伍子胥建議闔閭強國之道，必須「從

近制遠」。也就是從內部先建立強固的城郭，設立守衛，充實糧倉，力精兵訓。闔閭聽了大為讚賞，委託伍子胥全權負責。

此時，有個命運與伍子胥相似的人，名為伯嚭，流亡在外，聽說伍子胥投奔吳國，而且被吳王重用，便投奔吳國向伍子胥哭訴他流亡的遭遇。伍子胥流亡異國，對於與他同病相憐的伯嚭所訴說的種種，自然是感同身受，於是向闔閭舉薦伯嚭。

闔閭正值圖謀增強國力之際，需要人才幫忙，對於伍子胥的眼光又信任有加，因此大方的答應了，封伯嚭為大夫，與伍子胥共議國事。

然而，被離卻私下對伍子胥說：「我看伯嚭這個年輕人眼睛如鷹眼一般銳利，步履如同老虎一樣狡猾，這樣的人性格貪婪便佞，貪功利而且好殺生。你若重

用此人，恐怕日後將成為禍患。」

以伍子胥的聰明才智與識人之能，其實應該可以辨別被離所說的話是否為真。然而，伍子胥被仇恨沖昏了頭，此時他只同情和他有相似遭遇的伯嚭，而無法辨別伯嚭的人品，並沒有採納被離的意見。令人遺憾的是，在若干年後被離的預測成為事實，伍子胥此時的決定，將為他日後的命運增添悲哀的色彩。

薦舉孫武為吳國效力

闔閭雖然殺了吳王僚，取得王位。然而，吳王僚的兒子慶忌卻逃到艾城，並且積極招募死士，連結鄰國，隨時伺機等待討伐吳國，以奪回王位。闔閭知道此事，當然是如同芒刺在背，坐立難安，當年他自己以暗殺政變的方式奪得王位，他當然不能讓相同的事發生在自己身上。闔閭

　　再度向伍子胥請求舉薦人才，他希望能再有如同專諸一樣忠心又不怕死的刺客，能為他除去慶忌。伍子胥果然薦舉另一勇士，名為要離，而要離也果真完成了闔閭所託付的任務。

　　當闔閭知道要離完成他交付的任務後，非常的高興，並且以上卿之禮厚葬要離於城門下，因為闔閭希望要離死後的亡魂，仍能英勇的為吳國守門。然後，追封要離的妻子，與專諸一同建廟祀奉，又以公子之禮厚葬慶忌於吳王僚墓旁，並且大宴群臣。

　　伍子胥卻是食不知味，流著眼淚上奏說：「大王您的禍患都已經除去，但是臣下的大仇何時才能報呢？」

　　伯嚭也紅著眼睛一同奏請闔閭伐楚，闔閭只好答應兩人明日再商討伐楚事宜。

　　隔天，伍子胥與伯嚭進宮與

闔閭商討，闔閭說:「我想要為你二人出兵，誰當主將呢?」

「請大王作主，一切聽大王的吩咐!」伍子胥和伯嚭異口同聲的說。

但是闔閭在心中暗暗思量著，眼前這兩人都是楚人，如果只想到報仇，未必會為我吳國的利益著想，於是低頭不語，又重重的大嘆一口氣。伍子胥看出闔閭的疑慮，於是開口:「莫非大王擔心楚國兵多將廣?」

闔閭只能無奈的點點頭說:「是的!」

「臣有一人選，可以保證伐楚必勝。」闔閭一聽，臉色立刻由憂轉喜的問:「誰呢?」

「此人姓孫名武，齊國人。」

伍子胥立刻再繼續進言:「孫武擅長兵法策略，有鬼神不測之機，天地包藏之妙，自己寫了兵法十三篇，沒有人知道他的才

能，現在隱居在羅浮山東邊。若是能請得此人為軍師，稱霸天下都沒有問題了！不過，這個人不輕易做官，必須以禮相聘，才有可能。」

於是，闔閭請伍子胥帶著重禮，前往孫武所住之處，請孫武入宮。闔閭見到孫武，聽到孫武每講解一篇兵法，就驚嘆其中的精妙。闔閭對伍子胥說：「這兵法真是絕妙無比，但是我吳國國小兵微，應該如何呢？」

孫武卻回答：「臣的兵法不但可訓練一般的士兵，連婦女都可以施行。」

闔閭聽了鼓掌大笑說：「先生之言未免太不切實際了吧！天下豈有人能訓練婦人女子操戈習戰？」

「大王以為臣下是誇大其詞嗎？請將後宮侍女交給臣，由臣親自示範，如果做不到，臣甘願

承擔欺君之罪。」

闔閭立即召宮女三百人，讓孫武當場操練。孫武又要求闔閭請出寵妃二人，以當隊長，可發號施令，於是闔閭又召來他的寵妃左姬、右姬。

孫武開始當著闔閭的面，一一發落職責與工作，同時把宮女分成左右二隊，右姬管轄右隊，左姬管轄左隊，並說明軍令，一不准隊伍混亂；二不准言語喧譁；三不准故意違規。隔天五更鼓時，所有的女兵必須到教場＊練操。

次日，五更鼓時間一到，兩隊宮女都到了教場。一個個身穿甲冑，右手持劍，左手拿盾。二位寵妃則是擔任將官，隨侍孫武身旁。只見孫武有條不紊的解說操演隊形，下令左右二姬傳令下

＊教場　古代操練或檢閱軍隊的地方。

去。但是當鼓吏擊鼓，宮女行進卻是隊形混亂，所有的女子都掩嘴笑個不停，連闔閭的兩個寵妃也是如此。

孫武大怒，召來執法官說：「約束不明，申令不信，乃將領之罪，軍法應該如何處置？」

執法官回答：「應當斬首！」

於是對左右兵士說：「把左姬、右姬兩位女隊長斬首示眾！」兵士見孫武發號施令果決，不敢違抗，於是押下闔閭心愛的兩位寵妃。

闔閭坐在高臺上，看見心愛的寵妃突然間被綁了起來，發現情況不對，急忙讓伯嚭去向孫武說：「寡人已知道先生用兵之神，但是這兩位寵妃每天在旁服侍，如果少了她們兩人，寡人將食不知味，請先生赦免！」

但是孫武卻正色說：「軍中無戲言，我已經受命為將，將領在

軍隊中，也無法接受君王的命令。何況，若是因此釋放二人，我將如何服眾？」於是喝令左右立即斬下二人的首級，當場所有的宮女看得心驚膽戰，人心惶惶。

孫武又選了兩人擔任左右隊長，再次進行操演，宮女們的動作整齊劃一，有模有樣。儘管闔閭看到如此驚人的成果，但是因為痛失兩位寵妃，心中對孫武有所不滿，打算棄之不用。伍子胥立即勸進：「美色易得，良將難求，如果因為二姬而捨棄賢將，就如同喜歡雜草，而不愛美稻。若沒有孫武，大王，很難成就稱霸春秋各國的大業呀！」

闔閭這時才醒悟，聽進伍子胥的建言，冊封孫武為上將軍，即為軍師，負責伐楚的重任。

從專諸到孫武，可以看出伍子胥有知人之能。當年闔閭因為伍子胥推薦專諸，使他能順利取

得王位，因此再次面對伍子胥強
力推薦孫武，雖然心裡捨不得自
己的寵妃，他終究還是放下了心
中的不快，任用孫武擔任要職，
由此也可看出闔閭對伍子胥的信
任與重視。

步步邁向復仇之路

闔閭除了魚腸劍之外，還有
「盤郢」、「湛盧」兩把寶劍，
魚腸劍用來刺殺吳王僚，盤郢和
闔閭早逝的女兒勝玉一起陪葬，
只剩下湛盧。然而不知道怎麼回
事，湛盧劍居然不翼而飛，闔閭
請人調查，回報的結果，湛盧劍
居然在楚國，闔閭十分震怒的
說：「必定是楚昭王賄賂我身邊的
人來偷劍！」

於是殺了身邊侍衛數十人，
然後下令要孫武、伍子胥、伯嚭
率軍隊伐楚。但是因為軍隊後援
未能及時，只能鎩羽而歸。

　　雖然吳國兵敗而退，但身為大國的楚國當然不能坐視吳國的攻擊。於是，隔年，楚國大將囊瓦率兵攻吳，卻被孫武與伍子胥領導的軍隊打敗，而且還俘虜了楚國將領。雖然這一仗大勝，但是闔閭一點也不滿意。

　　「沒攻入楚國郢都，雖然打勝仗，卻感覺一點也不光彩。」

　　「臣沒有一日忘記要攻入郢都報仇這件事，只是楚國國力強大，不可掉以輕心。囊瓦雖然不得民心，但是鄰國的諸侯尚未起反感。聽說他索賄不斷，貪得無厭，不久諸侯起反感的時候，就會是攻入郢都的好時機了！」伍子胥的臉色沉著堅定，但是胸中的復仇之火始終沒有熄滅，反而隨著時間的推移燃燒得越來越烈。

　　伍子胥的推斷果然十分準確，過不了多久，臣屬楚國的兩個小國唐、蔡遣使臣拜訪吳國。

伍子胥很高興的說：「唐、蔡兩國必定與楚國結怨，才會派遣使臣前來。看來，上天要幫助我攻入楚國了！」

原來，楚昭王得到了稀世珍寶湛盧劍，各地的小國諸侯都來慶賀，唐成公與蔡昭侯也到了楚國。蔡昭侯有羊脂玉佩一雙，銀貂鼠皮衣二件，他各送了一件給楚昭王，自己則穿著、配戴了另外一件。囊瓦看見了十分喜愛，派人向蔡昭侯要這兩項寶貝，但是蔡昭侯極愛這兩件寶物，捨不得送囊瓦。

而唐成公則是擁有兩匹名貴高大的駿馬，因為馬的毛色如霜雪一般白，脖子長而英挺，和一種叫做「肅霜」的雁鳥很像，因此名為肅霜馬。唐成公將一匹獻給楚昭王，自己乘著另一匹進入皇宮。囊瓦見肅霜馬既高大又英挺，拉起馬車步伐穩健，愛得不

得了了，又派人向唐成公要馬，唐成公也不答應。於是，囊瓦就對楚昭王說：「聽說唐、蔡兩國私通吳國，如果放他們回去，日後他們難保不會勾結吳國攻楚，不如把他們留下來。」

於是，派了千名守衛說是要保護唐成公與蔡昭侯，實際上是軟禁他們兩人。因為楚昭王年紀還很小，國政都操縱在囊瓦手上，於是兩個倒楣的小諸侯，在楚國一住就是三年。最後還是不得不交出寶物，囊瓦才放他們回國。

蔡昭侯出了郢都，怒氣在胸中久久不散，於是立誓要向別國借兵伐楚，有人告訴蔡昭侯，吳國的伍子胥、伯嚭與楚國有大仇，吳國必定願意出兵。

闔閭當然不會放過攻楚的機會，加上孫武分析楚國之所以難攻，是因為其屬國眾多，現在因

為囊瓦專權，弄得屬國和唐、蔡兩國一樣怨恨楚國，正是攻打楚國的好時機。於是由孫武為將軍統領，伍子胥與伯嚭擔任副將，帶領六萬大軍攻楚。

在臨行之前，孫武突然下令要所有的士兵登陸，把船艦都留在淮水邊。伍子胥私下問孫武為何捨棄船艦，因為位於長江之南的吳人，善於駕船攻掠。

孫武說：「對方應該料想我們乘船伐楚，把船留在此地，會讓楚國以為我們遲遲沒有出發，好讓他們鬆懈防禦。」

伍子胥聽了才恍然大悟，十分佩服孫武的軍事謀略。

於是大軍從陸路而行，果然如孫武所料，囊瓦一聽到吳國的船艦都停在淮水邊，心中輕鬆許多。

不久，吳軍從陸路攻楚的消息傳至楚國，楚昭王急忙召見諸

侯共商對策。有的諸侯認為孫武
用兵太草率，吳兵一向善於水
戰，捨棄水路而就陸路，實在不
是聰明的作法。於是楚國將軍沈
尹戌商議軍分兩路，一路到淮水
邊把吳軍所有的船都燒了，讓他
們無路可退；另一邊則是由陸路
攻擊，不善陸戰的吳軍應該沒有
勝算。

　於是囊瓦帶著一萬名士兵迎
接吳國軍隊的挑戰，吳國與楚國
便隔著漢水對峙。不久，沈尹戌
的大將武城黑對囊瓦說:「吳軍捨
舟從陸，違背了他們的專長，又
對地理形勢陌生，現在隔著江對
峙數日，又無船可渡江，應該軍
心急慢，應該盡速攻擊。」

　囊瓦的愛將史皇又說:「楚人
敬佩宰相您的人少，崇拜沈尹戌
將軍的人卻很多，如果依照原來
的計謀由將軍燒船阻絕吳軍，那
麼戰勝後首要的功勞，非將軍莫

屬。不如按照那人的計畫，由您親自率軍攻打吳軍，迎接勝利才是。」

囊瓦被這一番話打動了，於是不顧之前與沈尹戌的協議，逕自率軍與吳軍開打，不料卻被吳軍用堅硬的木棒，沒頭沒腦的痛打一頓，楚軍從來沒有見過如此陣仗，被打得落花流水。

囊瓦十分生氣，但是史皇又接著獻計說：「聽說今天闔閭紮營於大別山下，今夜可出其不意前往劫營，就是大功一件！」

但是這樣的盤算，老早在孫武的預料之中，於是把闔閭安置在漢陰山，但大別山仍然設置旌旗營帳，四周埋伏軍隊。又讓伍子胥帶兵五千反劫囊瓦的營帳。

當囊瓦帶兵攻入大別山營寨時，發現悄然無聲，察覺不對勁時已經被專毅帶兵左右圍攻，囊瓦只能倉皇而逃，才剛慶幸逃過

追兵，突然聽見有人說：「還我肅霜馬，就免你一死！」

然後，又有人接著說：「還我銀貂鼠皮衣和玉佩，就饒你一命！」

原來是蔡昭侯與唐成公在前面攔截他，讓囊瓦又驚訝又羞愧，既著急又慌張。

就在危急的時候，有援兵來救出囊瓦，當囊瓦逃了幾里路後，有小兵來報說軍寨已被伍子胥攻占，不宜再回。囊瓦聽得心膽俱裂，不過還是得先逃再說。

就這樣，楚軍一路敗退，士兵甚至連吃飯的時間都沒有，常常都是楚兵正在煮飯時，吳軍正好追上，楚軍只能棄之而逃，留下的食物正好讓吳軍果腹，士兵們吃飽了有力氣，又繼續追趕楚軍。在伍子胥的雄才大略與孫武的戰事謀略相配合之下，吳軍不斷的繼續前進，吳軍離楚國首都

郢都越來越近，伍子胥的復仇之路也越來越近了。

多年仇恨終得報

　　孫武帶兵到郢都城下時，觀察周圍的地形，發現彰江在北，西有赤湖，於是心生一計，他命令軍隊挖鑿深溝，引彰江的水通往赤湖。但又另築長堤，攔住江水，讓江水滿溢傾洩，水勢浩大，於是郢都城下如同水鄉澤國一般。孫武又派人上山砍竹造筏，吳軍乘筏攻城，城中人才知道原來水患是吳軍造成的，大家因恐懼而全部逃離了。楚昭王知道守不住郢都，帶著家人登船逃難，郢都因此被攻破。

　　孫武派人掘開水壩後，水流回江中，闔閭進入郢都，大宴諸侯將士，慶賀勝利。伍子胥根本無心慶祝，殺害他父兄的楚平王與費無忌都已經死了，楚昭王又一

不知去向，心中的恨意無法消除，便建議闔閭拆了楚國的宗廟*。

孫武勸說：「出兵必須以義為名，楚平王強娶自己的兒媳婦，又殺害忠良，信任讒佞，才讓吳國有攻打的機會。建議讓太子建的兒子勝為楚君，代替楚昭王。楚國人將世代記得大王的恩澤，大王雖然赦免楚國，但是得到了楚國的民心呀！」

可惜的是，闔閭一心只想建立霸業，獨霸春秋各國，並沒有聽孫武的建議，還是把楚國的宗廟都拆了，楚國沒了國君，宗廟被毀，等於是亡國了。但是這一切仍然無法平息伍子胥心中的仇恨，闔閭問：「你已經報仇了，為何看起來仍然悲傷呢？」

放大鏡

*宗廟　祭祀祖先的廟宇，是一個國家的重要象徵。

　　「平王死了，昭王逃走了，父兄之仇我尚未報萬分之一！」

　　「那麼要怎麼做才能為你的父兄報仇呢？」

　　「臣下請求大王允許我掘開平王的墳墓，開棺斬了楚平王的首級，才能消我心頭之恨！」

　　伍子胥對於闔閭稱霸諸侯有很大的貢獻，闔閭當然答應了伍子胥的要求。伍子胥打聽到楚平王的墓就在莊蓼臺湖，但是當他帶兵前去時，只見湖水茫茫，不見楚平王的墓。伍子胥難過的捶胸頓足，仰天大哭著說：「老天爺呀！老天爺呀！難道你不讓我報父親和哥哥的大仇嗎？」

　　突然有個老先生來到湖邊，行禮之後問：「請問將軍為何想找到楚平王的墓呢？」

　　伍子胥把楚平王迫害他家人的故事一五一十的說出，雖然已經過了十九年，但是伍子胥還是

激動不已。

老先生說：「平王知道怨恨他的人很多，怕人挖他的墓，於是葬在湖水中，將軍若是要得到棺木，必須先乾涸湖水。」

伍子胥派一個譜於水性的士兵潛入湖中，果然發現石棺，於是用沙包堵住棺木周圍，阻絕流水，然後開鑿石棺，發現一個很重的棺木，打開來卻只有衣服和精鐵數百斤。

「這是用來掩人耳目的棺木，真正的棺木應該在底下。」老人說。

伍子胥命令士兵繼續開挖，果然又有一具棺木，打開後確定找到楚平王的屍體了。楚平王的屍體用特別的藥物塗抹過，因此皮膚仍然完好。伍子胥一看到楚平王的屍體，怒氣沖天，手持銅鞭狠狠抽打屍體三百下，說：「你生前有眼無珠，忠奸不辨，殺我

父兄，真是天大的冤枉！」

伍子胥平息了怨氣後，才想到問老先生：「老先生為何知道平王的棺木所在呢？」

老先生回答：「我是當年建造石棺的石工，平王命令五十多個石工建造假棺木，完成之後，擔心我們洩漏祕密，於是殺了所有的石工，只有我僥倖逃脫，因為聽說將軍孝心誠摯，特別來告訴您，也讓那五十多名石工的冤魂得以洩恨。」

伍子胥謝過老先生之後，回去向吳王闔閭表明沒捉到楚昭王，楚國仍然未滅亡，他願意繼續追捕楚昭王。雖然已經鞭打楚平王的屍體，但是伍子胥心中的仇恨顯然仍未消失，仇恨驅策著伍子胥繼續追捕流亡到隨國的楚昭王。

有恩必報

伍子胥四處打聽楚昭王的下落，後來他聽說囊瓦躲在鄭國，猜想楚昭王應該也在鄭國，他又想起當年太子建被鄭國所殺，此仇未報，因此率兵包圍鄭國。鄭一直都是個蕞爾小國，國力衰弱，鄭定公一聽到伍子胥帶兵包圍的消息，嚇得臉色發白，並且把一切禍因都歸於囊瓦，囊瓦自知無路可逃，就自殺了。鄭定公趕忙派人把囊瓦的屍體送給吳軍，並且說明楚昭王不在鄭國。

不過，伍子胥卻不願意退兵，因為他想報當年太子建被殺之仇。鄭定公急得昭告眾人，若有人能退吳軍，願意把國家分給此人一半。

有個漁夫的兒子向鄭定公表明自己可以退吳軍。

「需要車馬幾輛？」鄭定公急

忙的問。

「不需要一兵一卒，只要給我一支划船用的槳就行了。」

鄭定公聽得半信半疑，不過也沒有其他對策了，只能讓眼前這個神祕人前去。

拿著船槳的人到了吳軍前，開口唱：「蘆中人！蘆中人！腰間佩帶七星寶劍的蘆中人，難道不記得渡江時的菜飯魚羹嗎？」

伍子胥聽了大為震驚的問：「閣下為何人？」

那人舉了舉手中的船槳說：「我是漁丈人的兒子，因為避戰亂住在鄭國。」

伍子胥回想起當年倉皇逃難接受過漁丈人的恩惠，心中感念不已的說：「你的父親對我有恩，我正想要報答他，但是不知道該如何做才好，今天能遇到你真是太好了！你唱歌來見我，是為了什麼呢？」

「因為鄭國懼怕將軍的兵威，鄭伯下令：『能退吳軍者，將與之分國而治。』我想先父與將軍有一段淵源，想懇求將軍赦免鄭國。」

伍子胥聽了仰天大嘆：「唉！我伍子胥能有今日，全拜漁丈人所賜，蒼天在上，我怎麼敢忘了這分恩情呢！」於是下令解除包圍鄭國的軍令。伍子胥雖然為了報大仇滅楚鞭屍，但是因為昔日恩人兒子的一句話，他也能放下過去與鄭國之間的仇恨，伍子胥恩怨分明的性格由此可見。

伍子胥與申包胥

伍子胥帶兵回到楚國後，還是繼續尋訪楚昭王的下落。

楚國有個大夫名叫申包胥，是伍子胥的舊識，看到伍子胥果然如同逃亡時發下的誓願一樣，伐楚滅國，申包胥雖然同情伍子

胥被迫害的不幸，但深愛楚國的他也無法容忍伍子胥這樣的作為，因此派人對伍子胥說：「你復仇的方法，實在太過分了！有一句話說：『人運氣好的時候，固然可以戰勝天理，但是總有一天天理必定能戰勝人的惡行。』你身為平王的臣子，曾經把平王尊為君王，現在竟然鞭打平王的屍體，上天一定會懲罰你的！」

伍子胥對著申包胥的使者說：「請你替我告訴申包胥說，我現在的心情是『日暮途遠』，既找不到楚昭王復仇，又深恐在有生之年無法為父兄報仇，所以我現在的所作所為，只能違反天理而行！」

使者回報申包胥，申包胥一聽到伍子胥的答覆，心中十分明白伍子胥是下定決心要滅了楚國。他突然想起楚平王所鍾愛的妃子是秦國人，可以求秦國發兵

救楚。於是不分日夜的往秦國而行，走到鞋子壞了，腳裂傷流血，還得撕開衣服包紮腳傷。

好不容易到了秦國，見到秦哀公說：「吳國貪婪的想稱霸中原，現在打算滅了楚國，請您顧念兩國有姻親之誼，出兵援楚。」

秦哀公冷冷的回答說：「我秦國地處偏僻的西邊，兵微將寡，都已經自身難保了，如何能幫助別人？」

申包胥急切的說：「楚秦連界，秦國若不發兵救楚，一旦楚國滅亡，秦國也難逃被攻打的命運。」

秦哀公聽了仍然是興趣缺缺的說：「這件事我得和我的臣子們商量，你不妨到房裡休息一下。」

申包胥說：「我的君王還流亡在外，我怎能安心休息呢？」

當時秦哀公並不是個勤理國政的君王，大部分的時間都在飲

酒作樂，申包胥越是急於請命，
秦哀公越不肯發兵。於是申包胥
連身上的衣服都不肯換，就在秦
國的宮廷中大聲哀哭不停。連續
哭了七天七夜，連水都不願意喝
一口。

　　秦哀公聽說了這件事，驚訝
的說：「楚國的臣子關切國君，都
像申包胥一樣嗎？楚國有這樣賢
明的臣子，吳國都要滅楚；寡人
沒有這樣的賢臣，吳國豈不是更
有理由滅秦？」於是唱著《詩經‧
無衣》送給申包胥：「豈曰無衣？
與子同袍。王于興師，脩我戈
矛，與子同仇。」

　　大意是說，怎麼說沒有衣
裳，我與你共穿一件。我將興
兵，與你共同面對仇敵。申包胥
的一片愛國之心徹底感動了秦哀
公，於是答應出兵救楚。申包胥
聽到秦哀公答應出兵的消息，才
開始喝水進食。

吳國擊敗楚國稱霸

由於秦國答應出兵，申包胥趕忙通知楚昭王回國有望，又率兵攻吳軍，闔閭的弟弟夫概不知道楚國得到秦國的援助，根本不把申包胥帶的楚軍看在眼裡，沒想到被前來支援的秦軍打得落花流水。夫概急忙回郢都向闔閭稟報秦軍加入的消息，一直說秦軍十分強悍，讓闔閭憂心不已。

孫武進言說：「兵，凶器，可暫用而不可久用。楚國土地廣大，人心未必服從吳國，不如請大王立公子勝為楚王，並且派遣使節與秦國修好，讓楚國國君回復，再要求楚國割讓西邊的土地給吳國，也是對吳國十分有利的事。若是久居楚宮，只怕引起反效果，我就無法擔保一切了。」

伍子胥聽了也覺得十分有道理，同意孫武的意見，闔閭也快

被說動了。但是伯嚭卻說:「臣一路破竹而下，無往不利，現在遇到秦兵就退，會讓別人看笑話！請給臣兵馬一萬，我一定能打勝仗，若失敗了，甘願受軍法審判。」

闔閭一聽十分讚許，立刻答應了，但是孫武與伍子胥都力勸伯嚭不該出兵，伯嚭根本聽不進去。結果，如同孫武所預料的，伯嚭被秦軍打敗，幸好伍子胥帶兵救出伯嚭。伯嚭帶出兵馬一萬，回來卻只剩下不到兩千人，伯嚭羞愧的自己向闔閭請罪。

孫武私下對伍子胥說:「伯嚭這個人驕傲居功，又任性妄為，日後必定為吳國帶來禍患，不如趁機以軍令斬他。」

伍子胥卻顧念伯嚭與他同為楚國流亡之臣，雖然不贊同伯嚭的行為，卻不忍心殺害他。於是告訴孫武就念在伯嚭之前立的功

勞，饒他一命。加上闔閭為了追捕楚昭王，在楚國停留了很長一段時間。闔閭的弟弟夫概居然趁機回國，自立為王，闔閭必須立即帶著軍隊回國處理內亂，也無心追究伯嚭的過失。

　　孫武與伍子胥隨後班師回朝，伍子胥把從楚宮得到的寶物用車子載著，沿路回吳國時經過歷陽山，想起曾經幫助過他的東皋公，便去尋訪東皋公的舊居，沒想到卻連房子都找不到了；派人去找皇甫訥，也無消息，伍子胥只能嘆息離去。

　　又經過溧陽瀨水邊，伍子胥望著河水嘆息說：「我在這裡飢餓困乏的時候，曾經有個好心的女子送我飯吃，現在想報答她，卻不知道該去哪裡找她？」伍子胥想送這女子的家人金子，卻不知道那女子的家人在哪裡，於是丟一袋金子進入瀨水中說：「希望那女

子知道，我還記得她當年贈飯的恩惠。」

　　當伍子胥帶著軍隊離開不到一里路時，路邊有個老太太哭泣不止，士兵前去問她原因，老太太說：「我有個女兒一直到三十歲還未出嫁，多年前在瀨水邊遇到一個窮途末路的君子，贈飯給他，我的女兒因為對方擔心她洩漏行蹤，而投水自殺。後來我聽說那人就是楚國流亡的臣子伍子胥，今天我聽說伍子胥領兵打了勝仗，卻沒有想到要回報恩情，所以心裡感到悲傷。」

　　士兵告訴老太太說：「我的主人正是伍子胥，想要報答你家千金，卻不知道該去找誰，你何不去見將軍呢？」於是老太太跟著士兵去領了金子，而伍子胥也終於報了當年女子的贈飯之恩。

　　等伍子胥回到吳國時，闔閭已經救平內亂，闔閭論功行賞，

破楚的大功臣以孫武為首。但是孫武卻不願意當官，只想再回山林中隱居。闔閭請伍子胥慰留孫武，孫武私下對伍子胥說：「你知道天地的常道嗎？暑過寒來，春還秋至。大王仗恃著強盛的國力，四方沒有災禍，驕傲與逸樂之心必生。功成不身退，將有後患。我不是只想到自己，也奉勸您要注意。」

伍子胥卻沒有聽進孫武的勸告，於是孫武便辭官離去。闔閭送他好幾車的金銀珠寶，孫武沿路發送給貧窮的百姓，然後不知去向。

闔閭封伍子胥為相國，直稱他為子胥，以表親近。伯嚭則為太宰，與伍子胥共預國政。

伍子胥的報仇之路可說是到達了終點，伍子胥決定在吳國度過剩下的人生，為吳國效力。然而在詭譎的春秋時期，許多國家

一心只想稱霸眾國。吳國的國力在破楚之戰後，便直線上升，但是否能一直守著霸主的地位，就不得而知了。

3

晚年時期

付出忠心輔助君王

闔閭年紀漸漸大了，開始想應該由誰來接掌王位，他打算找伍子胥商量。夫差已經二十六歲，生得一表人才，氣宇英偉，一聽到父親正在思考太子人選，就去拜訪伍子胥。

「我乃是長子，如果要立太子，除了我之外沒有人更有資格了！請相國在父親面前美言。」

伍子胥答應了夫差，當闔閭找伍子胥商討太子人選時，便說：「立長子為太子，比較不容易產生紛爭，夫差是個不錯的人選。」

闔閭說：「但是，我觀察夫差，覺得他的資質愚昧不仁，恐怕難以繼承吳國的君位。」

「夫差性格良善，敦於禮儀，父死子代，明白記載於經書上，怎麼會有問題呢？」

聽到伍子胥的進言，闔閭想了一會兒，終於點頭答應：「我就聽你的意見，請你好好的輔佐夫差治理吳國。」

於是闔閭封夫差為太孫，也就是王位的繼承人，夫差得知消息當然是喜不自勝，連忙到伍子胥家中叩頭道謝。

闔閭年老之後，性格越來越急躁，有一天聽到越國大王去世的消息，就急著想趁此機會攻伐越國。伍子胥提出勸諫說：「越國雖然有偷襲吳國的罪過，但是越國才剛舉行大喪，出兵討伐是會沾染晦氣的，還是應該觀望一陣子。」

這一次，闔閭並沒有聽進伍子胥的建言，執意留太子夫差與伍子胥在國內，自己帶著伯嚭、

王孫駱與專毅，選精兵三萬，浩浩蕩蕩往越國出發。

越國新王句踐親自領兵對抗吳軍，兩方軍隊對峙，情勢不相上下。句踐望見吳軍隊伍整齊，堅甲利兵，於是對他的將領諸稽郢說：「對方軍隊氣勢正強，不可忽視，必須使用計謀擾亂才行。」

諸稽郢找來三百名死刑罪犯，對他們說：「你們本應是因為自己犯的罪而必須受死，但眼前國家有難，你們若能為國家死，也算是造福自己的家人。」

於是，諸稽郢讓死刑罪犯分成三行，全部都光著身體，把劍頂在脖子上，步行到吳軍陣營。第一個人上前說：「我國君主越王不自量力，得罪了貴國，臣等願意以死代替越王的罪。」說完，便全部刎頸自殺。

吳兵從來沒有遇過如此陣仗，全部都驚訝極了，還竊竊私

語的討論。突然間，越軍開始擊
鼓，鼓聲氣勢強大咚咚的響，只
見越軍兩批敢死隊衝鋒而來，吳
軍一時心慌，陣行大亂。在混亂
之中，闔閭的右腳被砍傷，一隻
鞋子還掉下馬車，十分狼狽。幸
好專毅領兵搭救，但是吳軍已經
死傷過半，王孫駱見情況不對，
急忙班師回朝，這一次的戰爭不
但讓吳國損兵折將，更嚴重的
是，闔閭因為年紀大了，無法承
受刀傷，還未回到吳國就斷氣
了。

　　於是，夫差繼位，成為新
王。而伍子胥也恪守他對闔閭的
承諾，付出他的忠心與才能，繼
續輔佐新的君王夫差。不過，伍
子胥雖然是力保夫差成為繼任君
主的功臣，但是對年輕的夫差來
說，伍子胥既嚴肅又嚴峻，夫差
對伍子胥是又敬又懼，反而與能
言善道的伯嚭比較親近。這樣的

變化，對伍子胥以後的命運有著極大的影響。

伍子胥的先見之明

舊恨加上新仇，夫差即位之後，辦完父親的喪事，天天指揮練兵，立誓守喪三年之後，要滅越國，一舉報大仇。並且每天派侍者十人，輪流站在每天必經的庭院裡，只要夫差一進出，就有人會大聲的說：「夫差！你忘了越國的殺父之仇了嗎？」而夫差總是傷痛的回答：「沒有！我沒有忘記！」夫差想以此來提醒自己，無時無刻都不能忘記越國殺父的深仇大恨。

三年過後，夫差任命伍子胥為大將軍，伯嚭為副將軍，興兵伐越。句踐找來群臣商討大計，大夫文種與范蠡都同時勸諫句踐應該採保守之法，吳國經過三年發憤演練，軍隊勢必氣勢難擋，

不如先投降乞和，再想辦法。

　　但是句踐執意不聽，並且說：「吳國乃是越國的世仇，若不出去迎戰，會被吳國恥笑越國無能。」於是招募國內壯丁三萬人，迎戰吳國。

　　一開始越國的氣勢也不弱，但是遇到夫差親自領兵，並且擊鼓激勵將士，又加上伍子胥與伯嚭帶領的弓箭隊，強而有力的箭如同蝗蟲一般，密集飛來，越兵無法抵抗，一路大敗而逃，損兵折將，最後只剩下殘兵五千人。

　　這時，句踐才後悔沒聽文種與范蠡的建言，文種立刻獻計說：「根據情報，吳國有個太宰名為伯嚭，好色貪財，又容易嫉妒別人的功勞與才能，和伍子胥不和。吳王懼怕伍子胥，卻與伯嚭很親暱，若能買通伯嚭，吳王必定會聽其意見，就算伍子胥反對也無益。」

　　句踐急忙問：「那該以什麼來賄賂伯嚭呢？」

　　文種說：「軍隊中最缺的就是美色，若是獻上美女應該能打動伯嚭。」

　　於是句踐連夜派人找來美女八人，再加上寶玉和黃金，立刻到太宰伯嚭的營帳求見。一開始，伯嚭拒絕接見，但後來聽說來者帶來禮物，於是答應見面。

　　文種一見到伯嚭，便立刻跪下來低聲下氣的說：「敝國君主句踐年輕氣盛，不能好好管理國家，現在敝國國君已經後悔了，願意降服吳國，但是又擔心吳王夫差不答應，我們知道太宰您的功績偉大，在外是吳國的防護城，在內則是吳王的心腹，敝國國君派遣在下前來，送上薄禮，請太宰幫忙說話，日後禮物就會源源而來。」於是把賄賂禮品的清單呈給伯嚭。

　　伯嚭臉上故作難色的說：「越國遲早都會被打敗，所有的珍寶都歸吳國所有，我又何必收這區區小禮？」

　　文種立刻說：「話雖如此，但目前越國尚有精兵五千，還能抵擋一陣子，若兵敗，會將皇宮中的珍藏燒毀，逃往國外，或是投靠楚國，就算吳軍全部都占有珍寶，大半都將歸國庫，太宰與將士們也只能分到一小部分而已。但若是越王能順利投降，表面上是向吳王夫差投降，實際上是向太宰您順服呀！日後的貢品在進入皇宮之前，會先進入太宰府，太宰您將獨占全越國的好處！」

　　文種的一番話說得讓伯嚭心動的眼睛發亮，文種又接著指清單上的美女說：「這八名美女都是從越國宮殿選出來的，如果民間有更美的女子，敝國國君若能活著回國，必定常常為太宰搜尋美

女。」

　　伯嚭聽得心花怒放，立刻站起來說：「好吧，那我就帶你入宮與我君王商談。」於是，伯嚭高興的收下禮物，請文種喝酒暢談。

　　隔天，伯嚭果然帶著文種求見夫差，夫差聽了勃然大怒說：「我與越國有不共戴天之仇，哪能讓他們這麼好過？」

　　伯嚭說：「大王哪！孫武曾經對先王說過：『兵，凶器，可暫用而不可久用。』越國的國君願意當吳國的臣子，越國所有的珍奇異寶全部都貢獻給大王，所求的也只是讓他們的君王活命而已。如果接受他們的投降，不但收穫豐厚，赦免他們的罪過，也可以彰顯大王的名聲，是名實俱收呀！如果大王不放過他們，執意誅殺到底，那麼他們打算燒毀宗廟，殺死妻子，把金銀財寶丟入江中，然後以五千名死士與吳國對

崎，有的只是損傷而沒有好處，和殺人比起來，還不如接受他們誠心的投降，對國家比較有利！」

　　夫差被伯嚭說動了，於是點頭答應。但過不了多久，伍子胥氣急敗壞的面見夫差，一看到文種站在伯嚭身邊，又聽到夫差答應越國投降的決定，連忙大叫：「不可！不可！」嚇得文種後退好幾步，只能安靜的聽伍子胥說話。伍子胥勸諫說：「越國與吳國為鄰，一直是勢不兩立，不是吳國滅越國，就是越國滅吳國。若是滅了越國，吳國可以就地利之便接收所有的資源，對國家有利，況且與越國又有先王的大仇，不滅越國，當初大王何必發誓呢？」

　　夫差被伍子胥說得啞口無言，無法應對，只能看著伯嚭。伯嚭很快接著說：「相國說的話沒有道理呀！如果因為先王的仇要

滅越國，那麼相國與楚國的大仇，也應該滅了楚國。今天越王夫婦都願意順服吳國，而與楚國接納公子勝的情況大不相同，相國自己做了厚道的事，卻要讓大王承擔刻薄的罪名，難道是忠臣的作為嗎？」

夫差聽了立刻高興的對著伯嚭說：「太宰言之有理，相國可以退下了。等越國貢獻之時，一定會分贈於你。」

伍子胥看見夫差不辨是非，不但不肯採納忠言，反而縱容伯嚭強詞奪理，氣得面色如土，大嘆說：「真後悔當初沒聽被離的話，而和這樣奸佞的人共事！」但也只能退出，對著大夫王孫雄說：「越國十年生聚，再加上十年教訓，只要二十年，吳國的皇宮就會變成沼澤了！」

但是王孫雄沒聽懂伍子胥的話，伍子胥也只能忿忿的離去。

忠言逆耳

文種順利完成任務，回報句踐說：「吳王已經班師回朝了，派大夫王孫雄隨臣下到此，催促啟程。」

句踐聽了淚流滿面，文種接著說：「時間迫切，大王應該盡快回國料理國事，不必悲傷。」

一回到越國，句踐把國內的寶物裝在車輛上，並且從國內選出美女三百三十名，打算三百名送給吳王，三十名送給伯嚭。王孫雄不斷的催促句踐啟程去吳國，臨行前句踐流著眼淚對群臣說：「我承擔先人的事業，兢兢業業，不敢荒怠，但如今國破家亡，成為囚犯，此去千里迢迢，恐怕難再回來！」

文種安慰句踐說：「昔日商湯＊被囚禁在夏台，周文王＊被困在羑里，都成為英明偉大的君

王。在艱困的環境裡，往往能成就偉大的君王，大王只要耐心等待，自然有機會，不必太過悲傷。」

句踐於是下定決心，帶著夫人前往吳國。范蠡擅長臨機應變之道，隨著句踐夫婦一起到吳國去，而文種則是留在越國處理國事，為日後復興國力做準備。

句踐一到吳國，便派遣范蠡帶著金帛與美女去見太宰伯嚭，伯嚭承諾要幫助句踐返回越國，讓句踐稍微感到安心。伯嚭把句踐押送到夫差面前後，由范蠡把所要貢獻的寶物與美女清單呈送給夫差，句踐則是跪拜叩頭說：「臣下句踐不自量力，得罪貴

 放大鏡

＊**商湯**　夏朝末年人，因夏朝末代君王桀昏庸無道，滅夏建立商朝。

＊**周文王**　姓姬名昌，在商紂王時為西伯。商紂王肆虐無道，被姬昌所亡，其後姬昌則建立周朝，是為周文王。

國。承蒙大王赦免性命，讓我能拿著掃帚服侍吳國，十分感謝！」

夫差說：「我若是顧及先王之仇，你今天就沒有活命的機會！」

句踐再度叩頭說：「臣下該死，只是請大王可憐臣下！」

伍子胥在一旁，目光如同火焰，聲音響如雷霆的說：「句踐為人機險，今天是因為如同湯鍋裡的魚，性命操在廚師的手中，因此諂媚好言，以求免於送命。一旦讓他得志，就如同放虎歸山，縱鯨於海，無法再制服！」

夫差根本聽不進伍子胥所說的話，便說：「我聽說殺投降者，禍及三世，我並非獨厚越國，只是不想遭天譴罷了。」

伯嚭也在一旁幫腔說：「伍相國只擅長一時之計謀，而不懂安國之道，大王真是英明仁愛呀！」夫差與伯嚭這一搭一唱，說得讓伍子胥只能氣憤的退席。

　　夫差接受了越國貢獻的寶物，便命令王孫雄在闔閭的墳墓旁建築一間石室，讓句踐夫婦住在裡面。他們每天必須辛苦的養馬，而原本是一國之君的句踐，也在這小小的石屋裡被磨成蓬頭垢面的下人。夫差每次駕車出遊，句踐就拿著馬鞭走在車前，吳國的百姓總會指指點點的說：「這就是越國的大王呀！」句踐也只能強忍辛酸，低頭不語。

　　雖然句踐在吳國如此狼狽，但范蠡總是忠心耿耿的服侍句踐夫婦。夫差對范蠡說：「句踐無道，讓越國滅亡了，你和這樣的君王在一起，難道不覺得羞恥嗎？只要你誠心悔改，投奔我吳國，我可以赦免你的罪過，重用你的才能，讓你從貧窮到富貴，你覺得如何？」

　　范蠡回答說：「臣下就是在越國沒有善盡職責，好好輔佐越

王，才會得罪了大王，幸好大王憐憫我們，讓我們得以活命，這樣我就很滿足了，哪敢再奢望富貴呢？」

「你既然沒有改變想法，那就繼續住在石室裡吧！」夫差表面上這樣說，心裡卻讚賞范蠡的忠心。

就這樣過了三年，句踐夫婦每天都是全身髒臭的在馬廄裡養馬，汲水掃除糞便，范蠡也在一旁幫忙。夫差常派人偷偷觀察越王主僕，發現他們工作努力，雖然全身汙垢，面容憔悴，但是絲毫沒有抱怨，也沒有思鄉之情。

有一天，夫差登上姑蘇臺上，遠遠望見句踐夫婦端坐在馬糞旁邊，范蠡就執著馬鞭站在左側，夫差對著伯嚭說：「句踐不過是小小越國的國君，范蠡也不過是區區的一個大夫，雖然在窮困的環境中，還是沒有喪失君臣的

禮儀，真是叫我佩服呢！」

「不只是值得佩服，同時也很可憐呢！」伯嚭接著說。

「太宰說的也是，我不忍心再看下去了。如果他們是誠心悔過，我能赦免他們嗎？」

「大王以偉大的君王之心，哀憐窮苦的人，施恩惠給越國，越國怎麼會不知道感恩圖報呢？請大王下決定吧。」

「那就選個好日子，赦免越王句踐回國吧。」夫差被伯嚭的迷湯一灌，馬上欣然同意。

伍子胥聽到夫差即將赦免句踐的消息，又急忙面見夫差說：「萬萬不可！古人說：『立德是多多益善，除害需求斷根。』從前過國的澆，殺掉斟灌的君王，又去滅掉夏后相。后相的妻子懷孕了，挖了牆，從洞穴中逃出，回到娘家，生了一個孩子，名叫少康。後來少康憑著十方里的田，

五百名士兵，廣施恩德，勵精圖治，最後滅了澆，恢復了夏朝的功績。如今吳國比不上當時的過國，而越國卻比少康的國家大多了，假如讓他壯大起來，豈不是留下禍患了嗎？而且越國與我國接壤，又是世代仇敵，現在打了勝仗，不滅亡越國，還打算讓句踐回國，這是違背天意而助長仇敵呀！若是如此，吳國衰亡的日子就快來臨了，更不用提稱霸天下了！」

　　夫差聽了覺得有道理，興起要殺句踐的念頭，於是派人叫句踐來。伯嚭偷偷派人先去對句踐通風報信，句踐心中驚惶不已，范蠡對句踐說：「大王別擔心，吳王已經囚禁你三年了，都已經忍耐三年了，難道不能再多忍耐一天嗎？」

　　句踐於是進入皇宮見夫差，但是吳王一連三天都不上朝，句

踐正覺得奇怪時，伯嚭從宮中出來，奉吳王的命令讓句踐回去石室。

「大王本來聽信了伍子胥的讒言要殺你，所以才召你來。但正巧身體感染風寒，我進宮問候大王，請大王安心養病，先放你回去。」

句踐聽了，忐忑不安的心情才平復，一直感謝伯嚭的幫助。但是，相對的，一片忠心，說了實話的伍子胥，卻讓吳王夫差一直覺得如芒刺在背，雖然伍子胥是兩代功臣，但是相較於懂得察言觀色，迎合君主心意的伯嚭，伍子胥實在是很難討夫差的歡心，也種下日後悲劇的種子。

君臣關係日漸惡化

句踐回到石室，過了三個月後，聽說夫差的病還沒有好。范蠡建言說:「吳王的病應該就快痊

癒了，請大王入宮請求問候，如果能進宮，就要求嘗吳王的糞便，看糞便的顏色，再拜恭賀，說吳王的病就快好了，等吳王的病好了之後，一定會因為感動而赦免大王。」

句踐眼眶含著眼淚說：「我雖然淪落到此，也曾經是個君王呀！今天居然淪落到為人嘗糞便的地步！」

「昔日文王被囚在羑里之時，紂王殺了他的兒子伯邑考，還把肉煮成湯送給文王喝，他還是忍痛吃自己兒子的肉呀！若要成大事，就不要在意這些事！吳王雖然有婦人之仁，卻沒有大丈夫的果決，都已經同意赦免大王了，又突然變化，不這樣做是無法取得吳王的憐憫的！」

句踐立刻下定決心去問候吳王夫差的病況，經過伯嚭的安排，果然見到夫差。句踐立刻叩

頭說：「罪臣聽說大王龍體失調，……」話還沒說完，夫差突然肚子脹脹的，想要排便。

句踐立刻接著說：「罪臣曾經學過醫術，可以藉著觀察糞便來了解一個人的健康。」於是等夫差排便完畢之後，句踐打開裝糞便的木桶，用手沾糞便放在舌頭上，跪下來嘗一嘗，左右的侍從都捏著鼻子，不敢吸一口氣。句踐嘗完糞便之後，面見夫差說：「恭喜大王，大王的病就快要痊癒了！」

「怎麼會知道如此呢？」夫差好奇的問。

「大王的糞便味道苦而且酸，正是好轉的徵兆。」句踐謙恭的回話。

夫差感動的說：「句踐真是有仁心的臣子，有哪個臣子能做到親嘗糞便呢？」正好伯嚭也在一旁，夫差問他：「你做得到嗎？」

伯嚭搖搖頭說：「我雖然敬愛大王，但是這件事做不到。」

「不用說是太宰，太子也做不到這件事吧！」夫差立刻下令句踐可以不用待在石室，並且允諾等他身體康復之後，就讓句踐回國。

句踐再三叩謝，回去之後雖然移居到民舍中，仍然照常養馬打掃。

夫差的病果然如同句踐所說的一樣，不久就痊癒了。夫差病好了之後，立即擺設宴席，邀請句踐出席。句踐故意裝作不知道，還穿著囚犯的衣服到場，夫差立刻讓人帶他換上乾淨的衣服，請他就座款待。

伍子胥在一旁，看見夫差忘了越國殺害先王闔閭的仇恨，氣得不肯坐下，當場拂袖而去。

伯嚭又故意在夫差面前說：「大王以仁德之心赦免有仁德的

人，臣下曾經聽過『同聲相和，同氣相求。』今天的座位，只有仁者才能留下來，不仁的人則應該離去。伍相國只有匹夫之勇，而不願就座，真是應該感到慚愧才是。」

夫差笑著說：「太宰說得有道理呀。」然後把酒與句踐相談甚歡，承諾三天後讓王孫雄送句踐回國。

隔天，伍子胥面見夫差說：「大王昨天以禮對待仇人，大王難道不知道句踐內懷狼虎之心，外表恭順良善，大王若是只聽片面之詞，摒棄忠言而誤聽讒言，日後必定有禍患呀！」

夫差不以為然的說：「我生病躺了三個月，相國沒有一句安慰的話，也沒有送來禮物，既不忠又不仁，越王句踐放棄自己的國家來服侍我，還親自嘗我的糞便，如此忠仁之士，我若聽相國

的話殺了他，必定會遭天譴。」

伍子胥仍然不放棄的說：「當老虎放下身段，彎下身來，都是為了奪取獵物，狐狸縮起身體，就是準備埋伏偷襲，越王把怨恨藏在心裡，大王如何得知？句踐嘗糞便，其實是為了獲取大王的信任，大王若沒發現，中了他的計謀，吳國終有一天會被越國所敗。」

夫差無動於衷的看著伍子胥說：「相國不必多說，我已經下定決心了！」

伍子胥知道大勢難以挽回，只能鬱鬱不樂的離開。三天後，夫差果然遵守承諾讓句踐回越國，並且在城門親自送行，所有的大臣都到場，唯獨伍子胥不肯來。

夫差親自送句踐上車，句踐夫婦不斷的道謝，就這樣句踐結束了三年的囚犯生涯，而伍子胥

在這三年中也因為勸諫句踐的事，講了很多讓夫差聽了覺得刺耳的話，因此夫差的心裡很不痛快，自然而然的與伍子胥之間的關係就越來越僵了。

生聚教訓

句踐回到越國，看到日夜思念的故國，大嘆說：「我以為這一去吳國將客死異鄉，永遠見不到這片大好山河了，哪想到今天還能再回來？」說完便和夫人相擁而泣，左右的臣子也都感動的流下眼淚。文種得知句踐回國的消息，率領群臣與百姓歡迎句踐回國，一時歡聲雷動。

句踐心中對自己在吳國所受到的恥辱一直耿耿於懷，除了大力整頓國家，生活上更是極盡刻苦，睡覺不用棉被鋪床，只放上燒火用的柴薪，又在床的上方懸掛一顆膽囊，每天必定要嘗嘗膽

囊的苦味，用來提醒自己曾經受過的苦難。他的夫人也與百姓一同織布，一同勞苦。句踐決定七年不收稅，他自己吃飯不加肉，衣服也沒有任何的裝飾。

夫差因為感受到越國的順服，甚至還加封土地給越國，句踐則是準備許多精美的布匹與珍寶答謝夫差封地的恩惠。伍子胥聽到這樣的消息，便說自己生病了，無法上朝。

夫差看見越國臣服乖順，便深深相信伯嚭所說的話，心裡也對越國不再存有戒心。有一天夫差閒來無事，問伯嚭說：「現在國家安定，我想要建個宮殿娛樂一下，哪個地方比較適合呢？」

伯嚭建議先王闔閭所建的姑蘇臺，可鳥瞰遠景，若改建成宮殿，可容納六千人同時歌舞，必定是人間極樂。夫差覺得有道理，便派人懸賞巨木，準備動工

建築宮殿。

　　文種聽到這消息，便對越王句踐分析說：「我聽說『高飛之鳥，死於美食；深泉之魚，死於芳餌。』今天大王要報仇，就要先投其所好，然後才能抓住對方的弱點。」

　　句踐疑惑的問：「投其所好，就能抓住他的弱點嗎？」

　　文種說：「臣下認為要破吳有七種方法：第一捐貨幣，用來取悅他們；第二借吳國米糧，讓吳國存糧減少；第三送美女，用來迷惑夫差心智；第四送好的木材，好讓吳國大興土木建築宮殿，消耗國庫；第五派出奉承阿諛的臣子，讓吳王失去謀略；第六想辦法讓忠臣自殺，削弱吳王的輔助；第七我們應該積極練兵，以便日後能打擊吳國的弱點。」

　　句踐說：「真是絕妙的計謀，

那應該先做哪一項呢？」

文種回答說：「現在吳王要改建姑蘇臺，應該先去找山中神木，貢獻給吳王。」

句踐派遣三千名工人進入山中，果然找到了一根大巨木，當夫差收到這項禮物之時，簡直又驚又喜。伍子胥在一旁勸諫說：「昔日紂王建鹿臺，讓百姓辛苦工作，消耗國力，所以招致滅亡。句踐想要害吳國，才會貢獻這樣的木頭，大王千萬不能接受。」

夫差卻說：「句踐找到這麼好的木材，沒有留下來自己享用，卻獻給我，怎麼能辜負他的好意呢？」

於是夫差不聽伍子胥的勸諫，用這根大木建築姑蘇臺，耗費了五年的時間才建築完工。百姓日夜工作，因為疲勞而死的人不計其數。

　　句踐聽到了這樣的消息，知道讓夫差建築宮殿，消耗民力的計策已經奏效，於是與文種商量下一步對策。文種說：「姑蘇臺完成之後，必定會選拔歌舞女子，若不是絕色美女，是難以打動夫差的心，現在應該找出絕色美女貢獻給吳王。」

苦口婆心的伍子胥

　　句踐開始積極在國內尋找美女，半年之內找到美女二十多人，又從其中找到兩位特別美麗的女子，一位是西施，一位是鄭旦。

　　西施是苧蘿山下撿柴人的女兒，每天在江邊浣紗。據說西施的美麗能讓水中的魚兒驚豔，讓花兒感到羞愧。鄭旦也與西施住在同一個村子裡，兩位美女每天相約在江邊浣紗，如同兩朵盛開的芙蓉般嬌美豔麗。

句踐把兩位美女接到宮裡，請樂師教她們跳舞，學習走路的儀態，打算等到學成之後才送入吳國。西施和鄭旦學習了三年，學會了歌舞書畫與侍奉君王的技能，然後句踐便命人將這兩位美女盛裝打扮，以美麗的馬車及六位美女隨從，送到夫差面前。

范蠡對夫差說：「越國賤臣句踐夫婦不能親自服侍吳王，因此搜尋越國境內的女子，找到西施與鄭旦兩位美女，來為大王倒酒服侍。」

夫差看到西施與鄭旦，好像看到仙女下凡一樣，眼睛都發直了，久久說不出一句話。

伍子胥在一旁說：「臣聽說殷商因美女妲己＊，周幽王因美女褒姒＊而亡國。美女是亡國之物，千萬不可收呀！」

夫差說：「凡人皆好色，句踐得此美女而不自己留著，貢獻給

我，表示他對我吳國的一片忠心呀！相國就別再懷疑了！」

夫差接受了這兩位美女之後，每天都沉溺在歌舞昇平之中，夫差特別傾心於美麗絕倫的西施。夫差為了西施建館娃宮，用珠寶美玉裝飾得美輪美奐，裡面有美麗的花園，西施常對著園中的泉水攬照梳妝，夫差甚至還親自為西施梳頭髮，由此可見夫差寵愛西施的程度。

也因為夫差過於喜愛西施，便以姑蘇臺為家，荒廢朝政，終日與西施遊山玩水，流連忘返，只有太宰伯嚭與王孫雄隨侍在一

放大鏡

＊姐己　商紂王的寵妃，長得美麗動人。據說生來不愛笑，商紂王甚至為了取悅姐己，以殺人為樂，來博得姐己一笑。

＊褒姒　周幽王寵愛的美女，後來被立為皇后。周幽王為了博得褒姒一笑，以點燃烽火戲弄諸侯，讓諸侯以為皇室有難，而倉皇趕來救援，諸侯們被騙的模樣居然讓褒姒笑了。因為周幽王如此的昏庸，而使西周很快的步上滅亡之路。

旁，伍子胥想求見都被拒絕。

句踐聽說夫差如此寵愛西施，與文種繼續共謀下一步計畫，文種說：「臣下聽說『國以民為本，民以食為天。』今年稻穀收成不好，粟米的價格將上漲，大王可向吳國借米糧，來救濟饑民。」

於是句踐讓文種以重金賄賂伯嚭，得以面見夫差，文種對夫差說：「越國今年收成不好，人民飢困，乞求大王借越國穀米萬石，以救濟目前的饑荒，明年稻穀收成之後，立刻奉還。」

夫差回答說：「越國臣服於吳國，越國的百姓受饑荒之苦，如同吳國百姓受苦，怎麼會不救他們呢？」

伍子胥聽說越國的使節來到，也跟著來到姑蘇臺，終於得見夫差，一聽到夫差允許借糧，立即上諫說：「千萬不可借糧給越

國！我觀察越國使節所說的，並非真饑荒，而是為了掏空我吳國的米倉呀！」

「句踐在吳國服侍三年，是所有的諸侯都知道的事情，今天我讓他再度復國，如同再生之恩，怎麼會想叛變呢？」

伍子胥仍然不放棄勸諫的機會，接著說：「我聽說句踐積極經營國事，體恤人民，禮賢下士，志在向吳國報仇，大王又借越國米糧，我擔心姑蘇臺將受到戰火的波及！」

夫差被說得很不耐煩，但是面對伍子胥還是得耐著性子說：「越國已經對吳國俯首稱臣了，哪有臣子會討伐君王的道理？」

伍子胥依然直言無諱的回答：「湯伐夏桀，武王伐紂王，不就是臣子討伐君王嗎？」

伯嚭在一旁大聲叱喝說：「相國說話太過分了！這樣說來，大

王豈不是被你類比為像夏桀與商紂一樣的昏君了嗎?」

伯嚭再度向夫差建言說:「越國已經答應明年穀熟之後,將償還所有的穀米,請大王放心借給越國。」

最後夫差還是聽了伯嚭的建言,借給越國萬石穀米。隔年,越國的稻穀豐收,句踐又與文種商量說:「若不還吳國稻穀,則失信於吳國,但如果還稻穀,則對吳國有利而無益於越國,該如何處理呢?」

文種說:「可以選精良的稻穀,蒸熟之後給吳國,吳國看到精良的稻穀,必定會想用來播種,那麼我的計謀就成功了。」

夫差一看到越國還來的米糧,高興的說:「越國果然是講信用的!」

又看到穀米肥美,便對伯嚭說:「越國土地肥沃,穀米肥美,

可以讓吳國的農民也試著種種越國的稻米。」

於是全國都用越國償還的粟米播種，熟米當然不會發芽，因此過不了多久，吳國因為稻米歉收，穀倉又缺米糧而發生大饑荒。但是夫差認為是因為土壤氣候不同的緣故，致使稻穀長不出來，而不知道穀子都被蒸熟了。

伍子胥雖然心裡明白自己所提出的建言，很難被夫差接受，但是他仍然遵守著他對闔閭的承諾，盡心盡力輔佐夫差，苦口婆心的勸說夫差留意有關國家利益的大小事，可惜夫差無法如他的父親闔閭一樣，了解伍子胥的才能與苦心，也使他無法久坐霸主的寶座。

以死勸諫

句踐除了利用各樣的珍寶、美女討好吳國，讓夫差對越國失

去戒心。在內政的部分，也十分用心。他對國內百姓公布說:「我聽說古代的賢明君王，四方的人民歸順他，就如同水往低處流一樣。現在我無法使四方的人民來歸順我，我只有領導各位來增加人口。」

於是，句踐下令鼓勵生育，凡生育兒女都有獎勵，若是生三個小孩的，政府就幫忙雇個乳母；生兩個小孩的，政府贈送糧食；如果只生一個，政府也會送兩壺酒，和一隻豬或是狗。此外，若家中死了兒子的，可免三個月的公役，而且句踐一定去哭泣埋葬，如同自己的兒子一般。

句踐還經常在船上裝載稻米油脂肉類巡行各處，遇到路上正在遊玩的小孩，就分送食物給他們，同時一定問起他們的名字。句踐自己則是吃自己種的糧食，穿他的夫人親手織的布。七年在

國內不收稅，如此經營下來，家家戶戶都存有三年的餘糧。

句踐如此用心治國愛民，得到了人民的感佩。有的父老會前來請求句踐說：「從前，吳國夫差在各國諸侯面前，侮辱我們的國君。現在越國一切都上軌道了，請大王伐吳報仇吧！」

句踐卻說：「以前的戰敗，不是各位的罪過，而是我的罪過。請暫且不要提攻打吳國的事吧。」

但是人民又來請求說：「越國四方的人民，愛戴我們的君王，就如同自己的父母一樣呀！做兒子的想為父母復仇，做臣民的想為國君報仇，哪有不肯盡力的人呢？請為復仇而戰吧！」

於是句踐答應了父兄百姓們的請求，開始訓練精兵。全國的人民都在彼此勉勵，父親勉勵兒子，哥哥勉勵弟弟，妻子勉勵丈夫，說：「誰能像我們的君王這樣

愛民呀！你能不為他拚命嗎？」

伍子胥聽說句踐積極訓練精兵的消息，特別求見夫差，流著眼淚說：「大王一直相信越國是真心的順服，但是今天越國讓范蠡日夜訓練精兵，士兵操弄劍戟弓箭都十分熟練，一旦讓他們發動戰事，吳國就有禍事發生了，大王如果不相信，可以派人去觀察看看。」

夫差果然派人打聽越國的消息，得知句踐的種種政績，讓他的心中有一些不安。夫差對伯嚭說：「越國已經臣服我國了，為何還那樣積極練兵呢？」

「那是因為他們想努力捍衛大王恩賜的土地呀，一個國家練兵有什麼值得奇怪的呢？」儘管伯嚭這樣說，但是夫差還是放不下心，心裡又興起了攻打越國的意念。

就在這時候孔子的學生子貢

為了救魯國，而奔走到吳國面見夫差。原來，魯國曾經幫助吳國攻打齊國，齊國為了要報仇，打算先攻打魯國。季康子聽說自己的祖國有難，就派善於言辭的子貢出來找救兵，子貢連夜趕到吳國面見夫差，向夫差說明原由，但是夫差卻很猶豫的說：「齊國曾經說過要永遠臣服於吳國，最近齊國都沒有定期來朝拜，我正想興師問罪，不過最近越國勤練兵事，恐怕有謀反的計畫，我打算先討伐越國，再攻齊國也不遲。」

子貢心裡明白，等吳國討伐越國之後，魯國早已經被齊國滅了，子貢當然不能坐視孔子的祖國魯國被滅，於是繼續說：「萬萬不可！越國弱而齊國強，討伐越國的利益小，而放縱齊國的後患大。如果大王害怕弱小的越國而躲避齊國，並非勇者，為了小利益而忘卻大患，並非智者，如果

喪失了智慧與勇氣，那要如何爭霸呢？大王如果顧慮越國，那麼我願意到越國去，為大王請求越國支援精兵攻打齊國，如何?」

夫差聽了十分高興，便允許子貢到越國去。子貢一到了越國，對句踐說了夫差的疑慮，讓句踐大為震驚，為了顧全復仇的大局，句踐讓文種去面見夫差，表明願意貢獻精良的武器與精兵三千協助攻齊，讓夫差大為驚喜。

就在發兵之前，夫差正忙著和西施到別宮去避暑，但伍子胥仍然不斷的勸諫夫差說:「越國如同吳國的心腹大患，而齊國只是像癬疥一樣的皮膚病。今天大王興兵十萬，行走千里，就為了要除掉小小的癬疥，而忘了心腹裡的毒瘤，臣下擔心攻齊未必會勝，而越國之患又來。」

夫差大怒說:「我發兵選在吉

日出發，你故意說不吉利的話阻撓出兵，該當何罪！」於是，夫差心裡動了殺害伍子胥的念頭。

　　但是伯嚭卻勸夫差說：「伍子胥乃是前王的老臣，不能殺呀。不如大王派遣他去向齊國宣戰，就讓齊人殺了他吧。」

　　夫差大大的讚許伯嚭的計謀，於是故意發一封信到齊國去，數落齊國伐魯，又怠慢吳國的罪狀，希望能激怒齊國國君殺了伍子胥。伍子胥預料吳國一定會滅亡，便帶著兒子伍封到齊國去見齊國君王。齊簡公看到信之後，果然氣得想殺伍子胥，但是大臣鮑息卻勸說：「伍子胥乃是吳國的忠臣，一直勸諫吳王不聽，與吳王形同水火。今天派他來齊國，就是希望齊國殺了他，免得自毀名聲。大王應該讓伍子胥回國，讓夫差自己承受惡名。」

　　於是齊簡公善待伍子胥，而

鮑息之所以為伍子胥求情，是因為他們原本就是朋友。鮑息私下會見伍子胥，詢問吳國的事，伍子胥只是掉眼淚，一句話都不說，然後把兒子伍封託付給鮑息，寄居在鮑息家，並且改姓為王孫，鮑息心裡明白伍子胥這麼做，是打算以死勸諫吳王夫差。

伍子胥與屬鏤劍

吳國對齊國的戰爭，吳國打了漂亮的勝仗，不但解決了魯國亡國的危機，也讓齊國吃了苦頭，夫差自然是志得意滿，高興極了。

在凱旋歸來後，夫差聚集群臣大宴慶功，只有伍子胥默默無語。夫差不高興的說：「你力諫我不應該討伐齊國，但如今得勝歸來，唯獨你沒有戰功，不會感到羞愧嗎？」

伍子胥氣得大聲說：「上天將

要亡一個國家，通常會有小小的喜事發生，然後才會有大憂患來到。打勝齊國不過是個小小的喜事罷了，臣擔憂大患即將來到！」

夫差聽了氣得說：「我許久不見相國，耳根子清靜許多，今天又來聒噪不停，真是煩人！」說完摀起耳朵，閉起雙眼。

突然間，夫差又睜大眼睛看了很久，然後大叫說：「怪事！」所有的臣子都急忙問發生了什麼事。

夫差說：「我看見四個人背對背相倚靠，突然間分四個方向走開。又看到下面有兩個人面對面，北邊人殺南邊人，大家看到了嗎？」

所有的臣子都說：「沒看見。」

伍子胥卻說：「四人相背而走，是四方國土離散的象徵。而北向人殺南向人，則是臣子殺君主的象徵，如果大王不知道反

省，必定有殺身亡國的禍害。」

夫差聽了生氣的說：「你說的
真是太不吉利了！我連聽都不想
聽！」

伯嚭馬上接著說：「四方離
散，是為了吳國奔走，而吳國霸
主總有一天會取代周朝天子，這
是以下犯上。」

夫差聽了臉上立刻浮現笑容
說：「太宰說的話，能讓人心胸開
闊。而相國老了，說的話難免糊
塗。」

過了幾天，句踐親自率領群
臣來到吳國朝見，順便慶賀戰
功。夫差在酒宴上說：「今天太宰
伯嚭為我治兵有功，封賞為上
卿；而越王句踐侍奉吳國盡心，
將再增加越國國土，以酬賞協助
討伐齊國的功勞，大家認為如
何？」

所有的臣子都大聲的說：「大
王酬賞功勞，是霸王所做的事！」

只有伍子胥趴在地上哭著說:「唉呀!忠臣的嘴巴閉起來,而只會講讒言的臣子卻在大王身邊,說的都是錯誤的道理,把直的說成彎曲的,把黑的說成白的。像這樣姑息養奸,總有一天會滅了吳國,到時候宮殿將會長出雜草!」

夫差終於按捺不住怒氣,厲聲的說:「老賊多奸詐,真是吳國的妖孽!只會專權逞威風,讓吳國滅亡,我以前是看在先王的面子上,不忍心殺你,今天就把話說明白,請你自己離開吧,我不會留你的。」

伍子胥老淚縱橫的說:「老臣若是不忠不信,也不可能成為先王的臣子。古有教訓,忠臣死了,君王也會隨著滅亡,老臣與大王永別,不再相見。」於是離開。

夫差的氣還沒消,伯嚭又接著說:「臣聽說伍子胥到齊國的時

候，把兒子託付給齊國的臣子鮑
息，可見他有背叛吳國的心，請
大王明察。」

於是，夫差請人送了一把名
叫「屬鏤」的名劍。當伍子胥接
到劍的時候，他立刻明白了夫差
的心意，嘆口氣說：「大王要我自
殺。」

伍子胥傷痛欲絕的仰天大聲
呼喊：「天呀！天呀！奸臣伯嚭亂
政，大王反而把我處死！我輔佐
你的父王稱霸諸侯，當你還沒即
王位的時候，諸王子爭奪王位，
先王本來不打算立你做大王，我
不惜以生命為你力爭，才使你順
利即位為吳王。我協助你破楚攻
越，威震諸侯。今天你不聽我的
勸諫就算了，還聽信奸臣的讒
言，殺死對你有擁立之功的長
者！明天越國的軍隊就會來到，
攻打吳國！」

伍子胥說完，便對自己的隨

從說：「我死以後，你一定要在我的墳上栽種梓樹，好用來給夫差做棺木；然後把我的眼睛挖下來，掛在東門上，好能看到滅亡吳國的越國兵士，走進吳國的城門。」說完之後，便舉劍自殺了。

使者把劍帶回給夫差，並且稟告伍子胥臨死之前所說的話。夫差聽到這些話，大發脾氣。去看伍子胥的屍首說：「你死了之後，哪會知道發生什麼事呢？」讓人把伍子胥的屍體抬出來，裝進用馬皮縫的袋子裡，丟到長江裡任其隨波逐流。然後說：「就讓魚鱉吃掉你的肉，你的骨將化成灰，哪能再看得見？」*

吳國的百姓都十分同情伍子

放大鏡 ———— *據說江水因此變得波濤洶湧，居民都傳說是伍子胥的冤魂所致。也有人說天帝憐憫伍子胥一片忠心，卻被賜死，因此封他為「波神」，居民為了紀念伍子胥，有划船慶祝迎神的活動，據說也是端午節划龍舟習俗的由來之一。

胥的悲慘遭遇，就在長江岸上為
他建了一座廟祭拜他，並特別命
名為「胥山」。

伍子胥的預言應驗了

　　夫差殺了伍子胥之後，就封
伯嚭為相國。句踐在越國則積極
準備攻打吳國的事情，但是夫差
渾然不知，只是一心陶醉在他將
成為中原霸主的美夢中。

　　這時，句踐趁著夫差率領大
軍與其他國家商談之時，帶領精
銳的軍隊進攻吳國，殺了吳國太
子，把吳軍困在城裡，情勢十分
緊急。當夫差趕回國內，看到這
樣的情況十分不高興的對伯嚭
說:「當初是你一直說越國已經臣
服，一定不會叛變，現在卻發生
這樣的事。你應該去向越國求
和，否則伍子胥用過的那把『屬
鏤』劍還在，到時候就是你的！」
　　夫差的這番話讓伯嚭膽戰心

驚起來，於是他只好到越軍陣營，給句踐叩頭，請越國給吳國機會，吳國會向越國進貢，如同從前越國向吳國進貢一樣。

范蠡對句踐說：「目前我們還沒有能力完全滅了吳國，就先答應他們的請求，讓夫差認為是太宰的功勞，日後吳國也不會振作起來的。」

於是句踐答應伯嚭的請求，班師回朝。

自從越國退兵之後，夫差還是繼續沉溺在酒色之中，也不管理國政，國內又連年饑荒，百姓過著辛苦貧窮的日子。句踐聽說這樣的情況，覺得是討伐吳國的好時機，於是再度興兵攻打吳國。

夫差聽到越國再度攻打吳國的消息，也帶著軍隊迎戰，但是軍隊長久缺乏操練，根本就不是越軍的對手，連連吃了敗仗，大

將被斬殺，大軍節節敗退，夫差逃回城裡，越國的軍隊把吳國的都城團團包圍住，夫差一籌莫展，伯嚭又裝病不敢出來，夫差便派王孫駱光著上身，用膝蓋行走，請越王放吳國一馬說：「孤臣夫差，得罪大王，希望能顧念從前的情誼，饒夫差不死。」

句踐看了於心不忍，想同意夫差的請求，但是范蠡卻勸說：「大王早起晚睡，總共忙了二十年，為何要放棄眼前的成功呢？」於是句踐不准夫差的請求，吳國一共派了七次使節交涉，文種與范蠡都堅持不能答應。

最後越軍終於攻破城門，伯嚭立刻投降，而夫差則與王孫駱逃到陽山，但是還是被越軍追上，最後句踐送給夫差「步光」劍，派人告訴夫差說：「世界上沒有長生不老的君王，總有一死，又何必讓我們越國的軍隊殺了大

王呢？」

夫差聽了，大聲的嘆息說：「我殺了忠臣伍子胥，現在後悔已經晚了！」然後又對身邊的人說：「我無臉見伍子胥，等我死了以後，請用布把我的臉遮住。」說完之後，就拔劍自殺了。

等句踐進入吳國宮殿之後，所有的官員都一同慶賀句踐的勝利，伯嚭也在其中，他心想過去自己對句踐有恩惠，臉上還露出得意的笑容。句踐卻對伯嚭說：「你是吳國的太宰，我哪敢屈就你在此呢？你的君王夫差在陽山，你為何不跟隨他呢？」

伯嚭聽了，面有愧色的離開了。句踐後來派人殺了伯嚭，滅了他全家，他告訴文種與范蠡說：「我以此來回報伍子胥對吳王夫差的忠心。」

在司馬遷的《史記》中，太史公司馬遷給伍子胥的評價是這

樣的：「如果伍子胥和他的父親伍奢一起死，那他的生命和一隻小小的螻蟻一樣，無足輕重。放棄小小的義理，來洗雪大恥辱，使英名永垂後世。當伍子胥落難在長江岸，在途中行乞，他都沒有忘記楚國郢都的殺父之仇，所以才能忍受所有的痛苦而成就功名，除非是英雄偉人，誰還能辦得到呢！」

伍子胥年輕的時候因為昏昧的楚平王，而遭致全家被殺，自己逃亡異國的命運，後來憑藉著才華與毅力，報了大仇，但在年老的時候，還是因為君主不明事理而慘死，這樣的命運真是令人為他欷歔悲嘆不已，然而他的一生充滿戲劇性的傳奇故事，讓他的名字在歷史中流傳不朽。

前 526 年	誕生。
前 522 年	父兄被楚平王所殺，逃至鄭國，後到吳國。
前 515 年	公子姬光宴請吳王僚，以伍子胥之謀，派人刺死吳王僚，後公子姬光自立為王，是為吳王闔閭。
前 512 年	向闔閭推薦孫武。
前 506 年	闔閭率伍子胥、孫武攻下楚國都，伍子胥鞭楚平王屍，終得以報仇。
前 496 年	闔閭征越，受傷而亡。
前 495 年	闔閭之子夫差繼位。
前 494 年	吳國大敗越國，吳王夫差不顧伍子胥的反對仍同意越王句踐的求和。
前 491 年	不滿夫差放句踐歸越，君臣之間的關係越來越僵。
前 484 年	被夫差賜死。

國家圖書館出版品預行編目資料

棄小義，雪大恥：伍子胥 / 林佑儒著；程剛繪.－－初版
三刷.－－臺北市：三民，2018
　　　面；　公分.－－(兒童文學叢書／世紀人物100)

　　ISBN 978–957–14–4554–0　(平裝)
　　1.(戰國)伍子胥－傳記－通俗作品

782.8　　　　　　　　　　　　　　　　95025561

©　棄小義，雪大恥：伍子胥

著 作 人	林佑儒
主　　編	簡宛
繪　　者	程剛
發 行 人	劉振強
著作財產權人	三民書局股份有限公司
發 行 所	三民書局股份有限公司
	地址　臺北市復興北路386號
	電話　(02)25006600
	郵撥帳號　0009998-5
門 市 部	(復北店)臺北市復興北路386號
	(重南店)臺北市重慶南路一段61號
出版日期	初版三刷　2018年10月修正
編　　號	S 781340

行政院新聞局登記證局版臺業字第○二○○號

有著作權·不准侵害

ISBN　978–957–14–4554–0　　(平裝)

http://www.sanmin.com.tw　三民網路書店
※本書如有缺頁、破損或裝訂錯誤，請寄回本公司更換。